A Kalmus Classic Edition

Peter Ilyich

TSCHAIKOWSKY

IOLANTHE

An Opera in One Act

Opus 69

for Soli, Chorus and Orchestra
with Russian text

VOCAL SCORE

K 06758

CONTENTS

ДЕЙСТВУЮЩИЕ ЛИЦА

Рене, король Прованса . . . . *(бас)*
Роберт, герцог Бургундский . . . . . *(баритон)*
Водемон, граф, бургундский рыцарь . *(тенор)*
Эбн-Хакиа, мавританский врач . . . . *(баритон)*
Альмерик, оруженосец короля Рене . *(тенор)*
Бертран, привратник дворца . . . . . *(бас)*
Иоланта, дочь короля Рене (слепая) . *(сопрано)*
Марта, жена Бертрана, кормилица Иоланты . . . . *(контральто)*
Бригитта } подруги Иоланты . . . . . *(сопрано)*
Лаура } подруги Иоланты . . . . . *(меццо-сопрано)*

Прислужницы и подруги Иоланты, свита короля, войско герцога Бургундского и оруженосцы.

Действие происходит в горах южной Франции в XV веке.

ИНТРОДУКЦИЯ

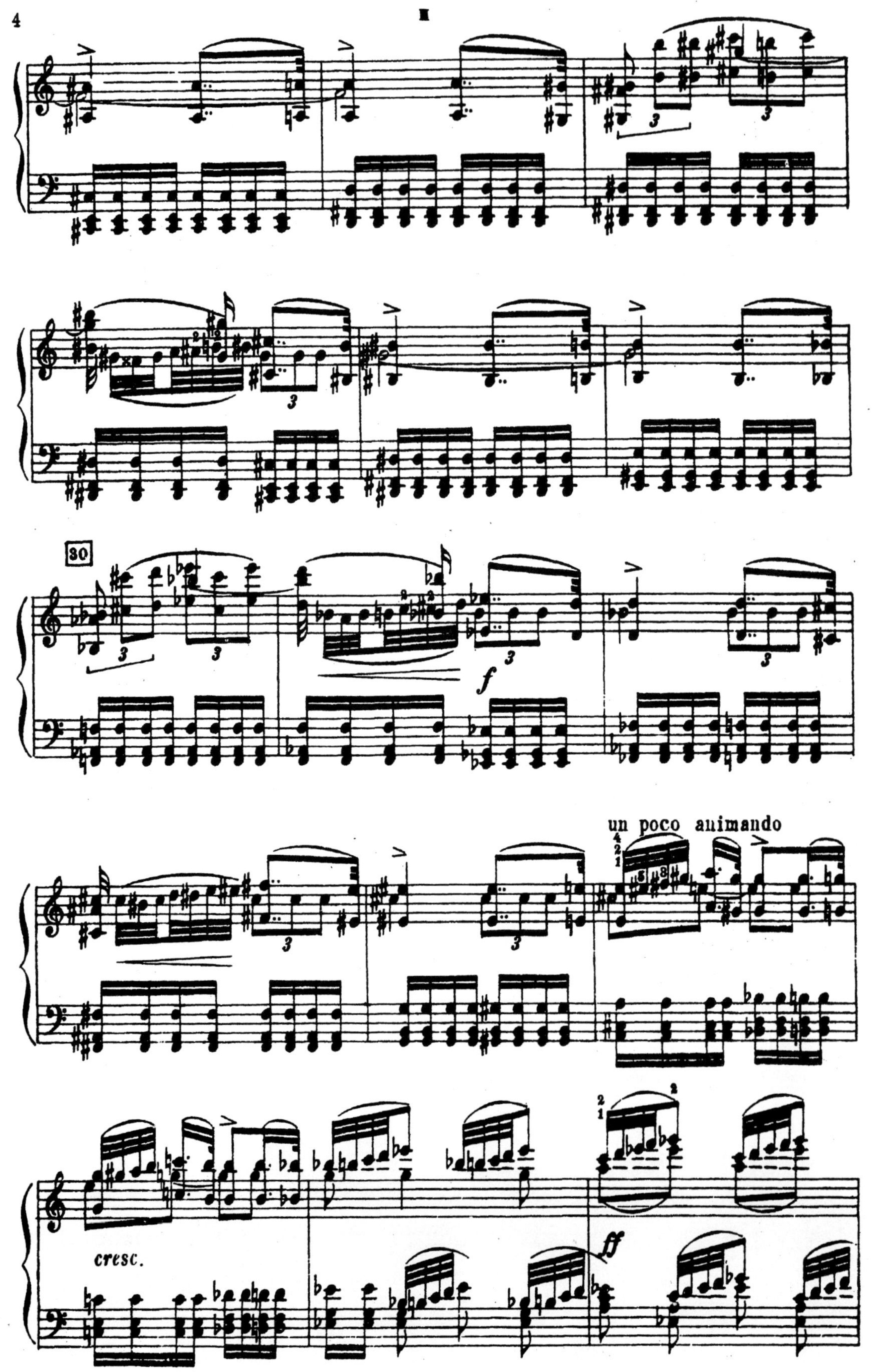
30
f
un poco animando
cresc.
ff

Più vivo (𝅗𝅥=76)
40
sempre ff
Tempo precedente (𝅗𝅥=66)
f
50
sf
sf
sf
mf
mp
p
pp
60
ppp

1

№1. СЦЕНА И АРИОЗО ИОЛАНТЫ

Красивый сад с роскошной растительностью. Павильон в готическом вкусе. В глубине – стена с маленькой входной дверью, скрытой растениями. Кусты цветущих роз на авансцене. Плодовые деревья.

(Четыре музыканта играют. Иоланта собирает плоды, ощупью ища их на деревьях. Бригитта, Лаура и несколько прислужниц подставляют ей ветви со спелыми плодами. Марта держит корзину, куда Иоланта кладёт их. Её движения становятся медленны и наконец, понуря голову, она опускает руки.)

10
p
poco cresc.
3
mp
p
20
2
poco cresc.
mf

1

30

Марта

Мой птен-чик, Ио-лан-та, ты у-ста-ла?

Иоланта (задумчиво)

У-ста-ла ли?

И. Не зна-ю, пра-во! (вздыхая) Да! Кор-ми-ли-ца, ска-

poco cresc.

И. -жи мне...

Марта

Что, го-луб-ка?

Иоланта

Че-го-то мне не-до-ста-ёт... че-го?

mf *p*

И. хо-те-ла бы я знать. О-тец, ты, Мар-та,

più f

40
(Обращается не в ту сторону, где стоят Бригитта и Лаура. Они переходят.)
И.
мы, ми-лые по-дру - ги, все жи - вё - те для ме - ня.
Poco più animato (♩=80)
И.
Ла - ской, сча - стьем кра - си - те мне жизнь, а я ни -
mf
И.
- чем не в си - лах от - пла - тить за всю лю - бовь! Слу - жить те - бе - наш
Марта
mf
50
Иоланта
М.
долг: ты - го - спо - жа, мы - слу - ги! Нет, нет, не - пра вда,
mf

1
И.
вы мне дру_зья. О, Мар - та, я хо_чу че_го-то,
mf
И.
а че_го? са_ма не зна_ю.
Марта (плача)
Го_луб_ка Ио -
mf
Poco più mosso (♩=88)
Иоланта
60
И.
-лан_та, пе_рестань. По_стой! по_стой! при_ди ко мне,
mp
(трогает глаза Марте)
И.
при_ди по_бли_же!.. Ты пла_чешь?

Марта
И.
От_че_го?
Мо_гу ли я спо_кой_ной быть,
ad. libit.
f
Иоланта
М.
ко_гда ты пла_чешь? Мар_та, я пла_чу, но слёз мо_их ни_
70
чем не вы_да_ла, как ты. Мой го_лос
mp
твёрд и ро_вен был, глаз мо_их не ка_са_лась ты, по_че_му ж ты зна_ешь

(Марта и подруги в смущении молчат)
И.
про э_ти слё_зы? Нет, тут что - то есть, че_го нельзя ска_
riten.
Марта
Tempo I (♩=69)
Бригитта
_зать мне! Пол - но, пол - но! Вас му - зы_ка рас_
dim.
p dolce cantabile
60
Марта
(к музыкантам)
Бр.
_стро_и_ла. О, да, ко_неч_но му_зы_ка. До_воль_но, бу_дет!
Лаура
Иоланта
(к музыкантам)
Сыграли бы ве_сё_ло_е, а то... Не на_до! Спа_си_бо вам, дру_
poco più f

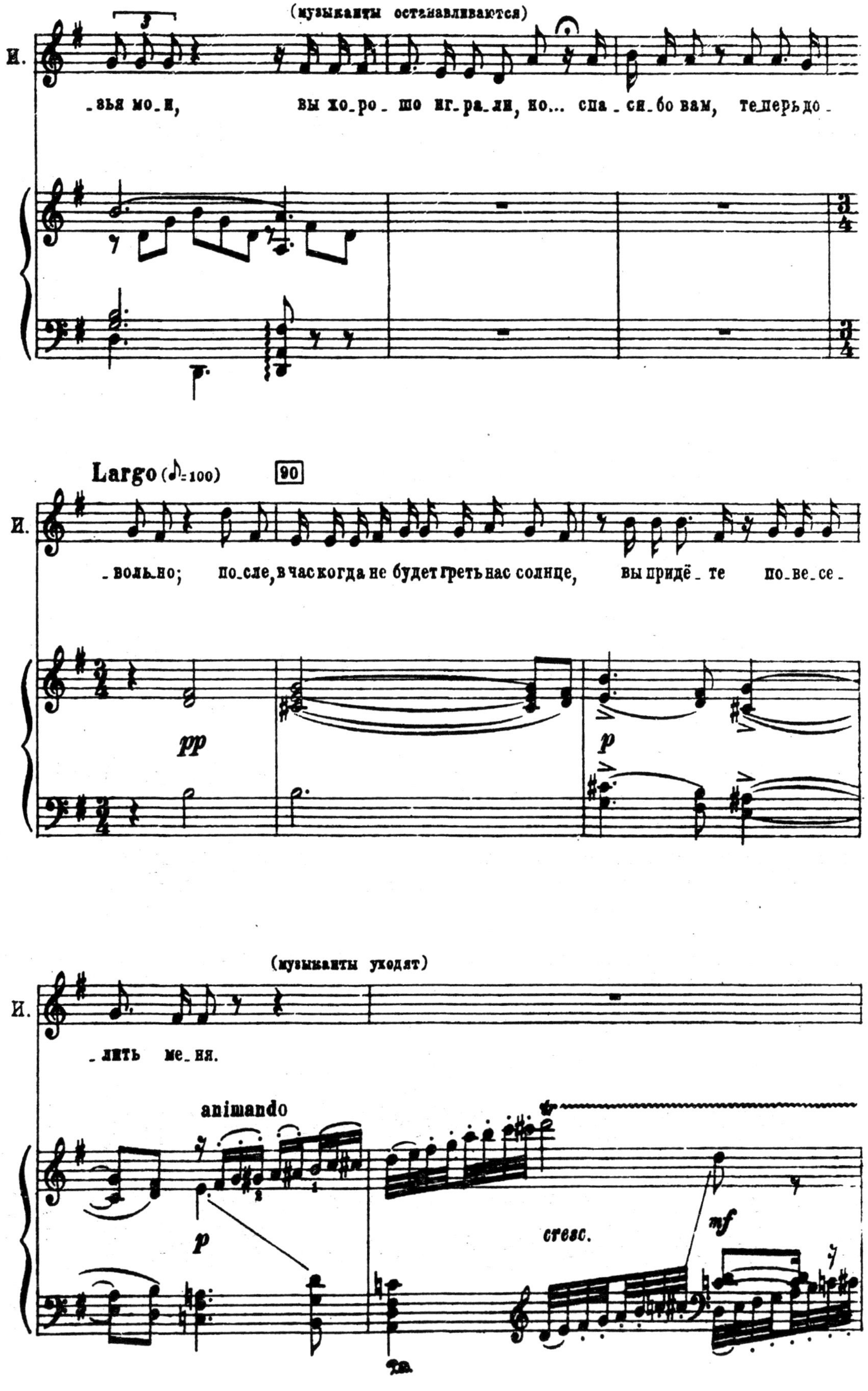

(музыканты останавливаются)

И.

-зья мо-и, вы хо-ро-шо иг-ра-ли, но... спа-си-бо вам, те-перь до-

Largo (♪=100) 90

И.

-воль-но; по-сле, в час когда не будет греть нас солнце, вы придё-те по-ве-се-

pp p

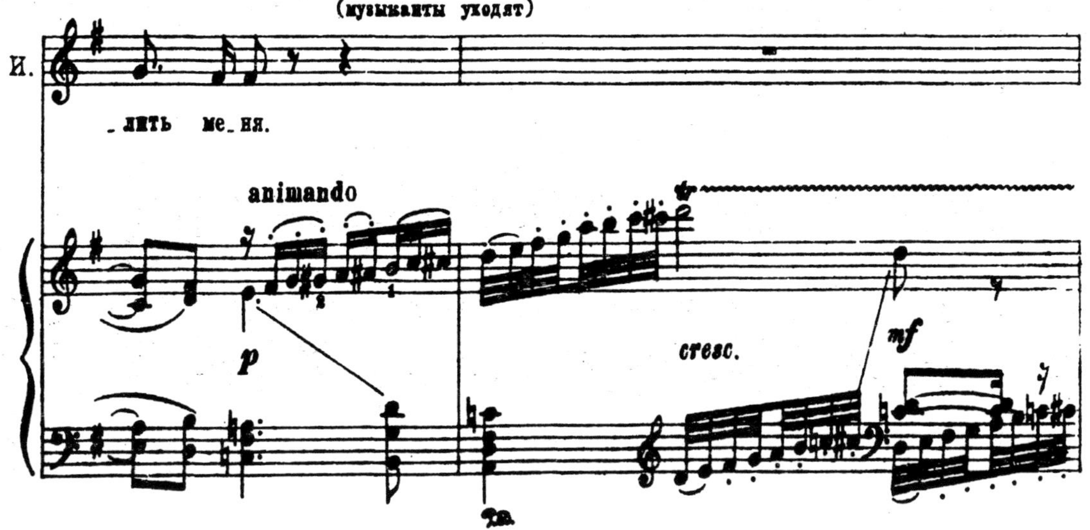

1
Più mosso (♪=132)
Бригитта
Что хочешь
Лаура
Что хочешь
m. g.
Ped.
Adagio (♪=108)
Иоланта
riten.
Бр.
делать?
же_ла_ешь прясть иль петь?
Нет, ни_че_
Л.
делать?
же_ла_ешь прясть иль петь?
Хор прислужниц
Иль сказки слушать?
sf p
100
И.
_го не на_до...
в са_мом де_ле у_ста_ла я.
На_рви_те мне цве_
espress.

И.
-тов, я бу-ду их пе-ре-би-рать и за-пах про-хлад-ных, нежных ле-пе-
Ped. * Ped. *
110
И.
-стков быть мо-жет мне даст по-кой... Всю э-ту ночь без сна я про-ве-ла.
(Бригитта, Лаура и прислужницы уходят)
Largo (♪=92)
И.
f
Не-у-же-ли гла-
animando e poco crescendo
m.g.
mfp
120
p
И.
-за да-ны за тем, чтоб толь-ко пла-кать? Ска-жи мне, Марта!
pp
ppp
mfp
pp

1

Ариозо

Larghetto, a tempo molto rubato (♩.=50)
Иоланта (с большим чувством)
poco riten.
От_че_го э_то прежде незна_ла ни то_ски я, ни го_ря, ни слёз,
a tem-
colla parte
pp
p
-po
animando
И.
и все дни про_те_ка_ли, бы_ва_ло, сре_ди
pp
зву_ков не_бес_ных и роз?
mf
Чуть у-
p
Più mosso (♩.=69)
cresc.
130
f
_слы_шу я птиц ще_бе_та_нье, чуть те_пло о_жи_вит даль_ний бор, и ве-
mp

1
riten.
Tempo I
И.
-зде за-зву-чит ли-ко-ва-нье,-
я всту-па-ла в тор-же-ствен-ный хор!
mf
p
più f
А те-перь всё мне днём на-ве-ва-ет не-по-
pp
poco riten.
-нят-ный, глу-бо-кий у-прёк,
a tempo
и у-
colla parte
stringendo
cre - scen - do
-ко-ры судь-бе по-сы-ла-ет пти-чек хор и шу-мя-щий по-ток.

riten. molto

1

140

Tempo I (♩. = 50)

ff

И. От-че-го э-то но-чи мол-ча - нье и про-

f

sf p

quasi pizz.

И. -хла-да мне ста-ли ми-лей? От - че - го я как будь-то ры-да - нья слышу

sf p

mf

poco string.

a tempo

И. там, где по-ёт со-ло-вей, от - че - го? От-че-го ска-жи?

f

mf

p

dim.

Allargando

parlando

И. От-че-го? От-че-го? Скажи, Марта?!

p

pp

p *mf*

p *p* *mf*

p *pp*

№ 2. СЦЕНА И ХОР

Adagio con moto (♩. = 60)
Бригитта
Лаура
(Ведя Иоланту к ложу близ куста роз)
Марта
Пол - но, не на - до, род - на - я, по - пу - сту ду - шу то - мить!
[за - чем же] [во - лю да - ёшь ты сле - зам!]
Сопрано
Хор прислужниц
Альты
Adagio con moto (♩. = 60)
p
М.
Пла - кать о чём - то, не зна - я, то же, что бо - га гне - вить.
[Пла - ча] [го - ре при - но - сишь ты нам.]
cresc. un poco

2

(За сценой слышны смех и восклицания Бригитты, Лауры и других девушек. Они вбегают, неся корзину полную цветов.)

-мо - зы, вот и ро - зы, и лев - ко - я цвет - ки;
-мо - зы, вот и ро - зы, и лев - ко - я цвет - ки;
-мо - зы, вот и ро - зы, и лев - ко - я цвет - ки;
ли - ли - и, лан - ды-ши, ча - ры вес - ны, баль-за -
ли - ли - и, лан - ды-ши, ча - ры вес - ны, баль-за -
ли - ли - и, лан - ды-ши, ча - ры вес - ны, баль-за -

Вр.
-ми - ны и жа-сми - ны, а-ро - ма - та пол - ны.
Л.
-ми - ны и жа-сми - ны, а-ро - ма - та пол - ны.
-ми - ны и жа-сми - ны, а-ро - ма - та пол - ны.
mf
Вр.
f
Тронь их: как чуд - но ду - ши - сты,
Л.
f
Тронь их: как чуд - но ду -
quasi pizz.
mf
20
Вр.
дев - ствен-но све - жи и чи - сты!
Л.
-ши - сты, дев - ствен - но све - жи и

Poco più vivo (♪=168)
Пусть а - ро - мат - ным их ды - ха - ньем
чи - сты! Как бар - ха - ти - сты, мяг -
Пусть а - ро - мат - ным их ды - ха - ньем
Как бар - ха - ти - сты,
Poco più vivo (♪=168)
и дней ве - сен - них ла - ской неж - ной,
- ки, бла - го - у - хан - ны и
и дней ве - сен - них ла - ской неж - ной,
бла - го - у - хан - ны,

Вр.
му - ки, со - мне - нья и стра - да - нья
Л.
неж - ны, ты по - за - бу - дешь со -
М.
му - ки, со - мне - нья и стра - да - нья
mp
све - жи и чи - сты,
mp
mf
Вр.
сго - нит бла - жен - ный, слад - кий сон, ты за -
Л.
-мне - нья и сны бла - жен - ны - е
М.
сго - нит бла - жен - ный, слад - кий сон
неж - ны, мяг - ки!

30
riten.
бу - дешь стра - да - нья, со - мне - нья, му - ки!
сго - нят стра - да - нья, со - мне - нья и му - ки!
и по - кой вер - нёт - ся ра - дост - ный!
mf
Ах, что за пре - лесть!
mf
Что за кра - са!
riten.
più f
Tempo I
mf
Вот те-бе лю - ти-ки, вот ва-силь-ки, вот ми - мо-зы, вот и ро - зы, и лев -
Вот те-бе лю - ти-ки, вот ва-силь-ки, вот ми - мо-зы, вот и ро - зы, и лев -
Вот те-бе лю - ти-ки, вот ва-силь-ки, вот ми - мо-зы, вот и ро - зы, и лев -
Вот те-бе лю - ти-ки, вот ва-силь-ки, вот ми - мо-зы, вот и ро - зы, и лев -
Tempo I
p

2
Вр.
-ко - я цвет - ки; ли - ли-и, лан - ды-ши,
Л.
-ко - я цвет - ки; ли - ли-и, лан - ды-ши,
М.
-ко - я цвет - ки; ли - ли-и, лан - ды-ши,
-ко - я цвет - ки, ли - ли-и, лан - ды-ши,
mf
Ossia
Вр.
ча-ры вес-ны, баль-за-ми-ны и жас-ми-ны, а-ро-ма-та пол-ны.
Л.
ча-ры вес-ны, баль-за-ми-ны и жас-ми-ны, а-ро-ма-та пол-ны.
М.
ча-ры вес-ны, баль-за-ми-ны и жас-ми-ны, а-ро-ма-та пол-ны.
ча-ры вес-ны, баль-за-ми-ны и жас-ми-ны, а-ро-ма-та пол-ны.
più f

40
Все го-ре-сти скро-ют-ся вдаль, сны слад-ки-е
Го-рести все скро-ют-ся вдаль, слад-ки-е сны
Го-ре скро-ет-ся вдаль, ра-дость
Слад-ки-е сны
сме-нят пе-чаль! О, цве-ты, о, цве-ты, о, вес-на!
сме-нят пе-чаль! О, цве-ты, о, цве-ты, о, вес-на!
сме-нит пе-чаль! О, цве-ты, о, цве-ты, о, вес-на!
сме-нят пе-чаль! О,цве-ты, о,цве-ты, лучший дар вес-ны!

3

№3. СЦЕНА И ХОР

что, за что вы лю - би-те ме - ня?
poco cresc.
Бригитта
Чем я мо-гу вам от-пла-тить за э-ту друж-бу?
[ва-шу]
Тво-я лю-бовь,— вот
Лаура
Тво-я лю-
10
Иоланта
Бр.
луч-ша-я на-гра - да? Где Мар-та?
Слу-шай,
Марта
Л.
-бовь,—мо-я на-гра - да!
Здесь, мо-я род-на-я!
mf
p
mp

3
Meno (♩= 88)
И.
при - ди сю - да. По-зволь, как пре-жде бы - ва-ло в дет-стве, го-ло-ву скло-
pp
-нить мне на пле-чо к те-бе, и спой мне пе-сню, ты пом-нишь, ту... лю-
pp
-би-му-ю!
20
(Марта делает знак Бригитте, Лауре и девушкам. Одна из них берёт опахало и тихо веет им над головой засыпающей Иоланты)
(обращаясь к Бригитте и Лауре)
Марта
Из - воль.
И вы со мно - ю пой-те!
p

(открывая глаза)
Нет, им скуч_но!
Бригитта
Да что ты? пол_но, пе_ре_стань!
Лаура
Да что ты? пол_но, пе_ре_стань!
mf
p
f ben marcato
(Иоланта засыпает. Во время песни Марта осторожно укладывает её на ложе и делает знак, чтобы вошли слуги. Слуги входят и осторожно уносят Иоланту. Песня тихо замирает по уходе действующих лиц за сцену)
mp
mf
30
pp
Moderato assai (♩= 84)
pp una corda
Бригитта
dolce
Спи, пусть ан_ге_лы кры_ла_ми на_ве_ва_ют
[зву_ки ко_лы_бель_ной]

40

Вр. сны,

Лаура *dolce*

Спи, пусть ан - ге - лы кры - ла - ми на - ве - ва - ют

[зву - ки ко - лы - бель - ной]

Вр. ре - я ти - хо ме - жду на - ми, бла - го - сти пол -

[ве - я ла - ской бес - пре - дель - ной, неж - но - сти]

Л. сны,

50

Вр. - ны.

Л. ре - я ти - хо ме - жду на - ми, бла - го - сти пол -

[ве - я ла - ской бес - пре - дель - ной, неж - но - сти]

Бр.
Ба - ю, ба - ю,
Л.
-ны.
Ба - ю, ба - ю,
Марта
p dolce
Ба - ю, ба - ю, ба - юш - ки - ба - ю,
pp
60
спи!
Ба - ю, ба - ю, спи!
М.
ба - ю, ба - ю, ба - юш - ки - ба - ю, спи!
Спи, ди -
espress.
armonioso

Бр.
Л.
Спи, ди-
Спи, ди-
-тя, пусть сон бла-жен-ный о-се-нит те-бя!
те-бя!
marcato
19
Poco più vivo (♩= 96)
-тя, пусть сон бла-жен-ный о-се-нит те-бя; бог мо-
(у-то-
Марта
С не-бе-
(От-дых
Poco più vivo (♩= 96)

70
più f
-ли - тве дет - ской вне - мля, щед - ро - ю ру-
-млён - на - я сле - за - ми, го - рем и то-
-ли - тве дет - ской вне - мля, щед - ро - ю ру-
-млён - на - я сле - за - ми, го - рем и то-
-си го - сподь все - лен - ной взгля - нет на те -
твой для нас свя - щен - ный мы хра - ним лю -
poco cresc.
mf
-кой нис - по - шлёт на зем - лю и сча - стье,
-ской, в грё - зах ты у - зна - ешь]
-кой нис - по - шлёт на зем - лю и сча - стье,
-ской, в грё - зах ты у - зна - ешь]
-бя, нис - по - шлёт те -
-бя, в грё - зах ты у -

80

Вр.
и ра - дость щед - ро - ю ру-
[ра - дость и по-

Л.
и ра - дость щед - ро - ю ру-
[ра - дость и по-

М.
-бе он сча - стье, ра - дость и по -
-зна - ешь]

Вр.
-кой, нис - по - шлёт он с не - ба и сча - стье,
-кой, в грё - зах ты у - зна - ешь]

Л.
-кой, нис - по - шлёт он с не - ба и сча - стье,
-кой, [в грё - зах ты у - зна - ешь]

М.
-кой, нис - по - шлёт те -
[в грё - зах ты у -

Нис - по - шлёт он с не - ба и сча - стье
[В грё - зах ты у - зна - ешь]

Нис - по - шлёт те -
[В грё - зах ты у -

и ра - дость, и по - кой, и
и ра - дость, и по - кой, и
-бе он сча - стье, ра - дость и по -
-зна - ешь]
и ра - дость, и по - кой, и
-бе он сча - стье, ра - дость и по -
-зна - ешь]
90
riten.
Tempo I
espress.
мир. Спи, спи слад - ким
мир.
-кой.
dolce
мир. Спи, пусть ан - ге - лы кры -
[зву - ки ко - лы -
-кой.
dolce
Tempo I
riten.
p espress.
ossia
и т. д.

3
Бр.
Л.
М.
dolce
сном, о, свет_лый ан - гел наш, пусть ан_ге_лы кры_
[зву_ки ко_лы_
dolce
Спи, спи ти_хо лу_че_
espress.
[пусть зву_ки ко_лы_
Спи, спи слад_ким
_ла_ми на_ве_ва - ют сны!
_бель_ной]
на_ве_ва - ют сны!
100
_ла_ми на_ве_ва - ют сны, слад - ки_е
_бель_ной]
_зар_ный, свет_лый ан - гел наш!
_бель_ной на_ве_ва - ют сны!]
сном, о, свет_лый ан - гел наш! Спи слад_ким
dolce
С не - бе_си го_сподь все_
[От - дых твой для нас свя_
dolce
С не_бе_си го_
[От_дых твой для
p

dolce
сны!
Ре - я ти - хо ме - жду
[Ве - я ла - ской бес - пре -
dolce
Спи, пусть ан - ге - лы кры -
[Ве - я ла - ской бес - пре -
dolce
сном!
Лу - че - зар - ный,
- лен - ной взгля - нет на те - бя!
- щен - ный мы хра - ним лю - бя!]
- сподь все - лен - ной взгля - нет на те -
нас свя - щен - ный мы хра - ним лю -
на - ми бла - го - сти пол - ны!
- дель - ной, неж - но - сти пол - ны!]
- ла - ми на - ве - ва - ют сны!
- дель - ной, неж - но - сти пол - ны!]
свет - лый ан - гел наш!
dolce
- бя!
- бя!]
Ба - ю, ба - ю,
pp

3
110
Вр.
Л.
М.
dolce
Ба - ю,
Ба - ю, ба - ю, ба - юш -
Ба - ю, ба - ю, спи!
ба - юш - ки - ба - ю, ба - ю, ба - ю, ба - юш -
ба - ю, спи! Спи, ди - тя, пусть сон бла -
- ки - ба - ю, спи!
pp
Ped.

120
Sp.
-жен-ный о-се-нит те-бя!
Л.
-жен-ный о-се-нит те-бя!
М.
Спи, ди-тя, пусть сон бла-
-жен-ный о-се-нит те-бя!
Спи, ди-тя, пусть сон бла-
Ped.
Sp.
mf
Слад-ко спи! Ба-ю, ба-юш-
Л.
mf
Слад-ко спи! Ба-ю, ба-юш-
М.
mf
-жен-ный о-се-нит те-бя! Ба-ю, ба-юш-
mf
Слад-ко спи! Ба-ю, ба-юш-
-жен-ный о-се-нит те-бя!
mf
Ped.
Ped.

130
Бр.
Л.
М.
-ки - ба - ю!
Спи!
Спи!
mf
pp
Ped.
140
morendo

№ 4. СЦЕНА И АРИОЗО КОРОЛЯ

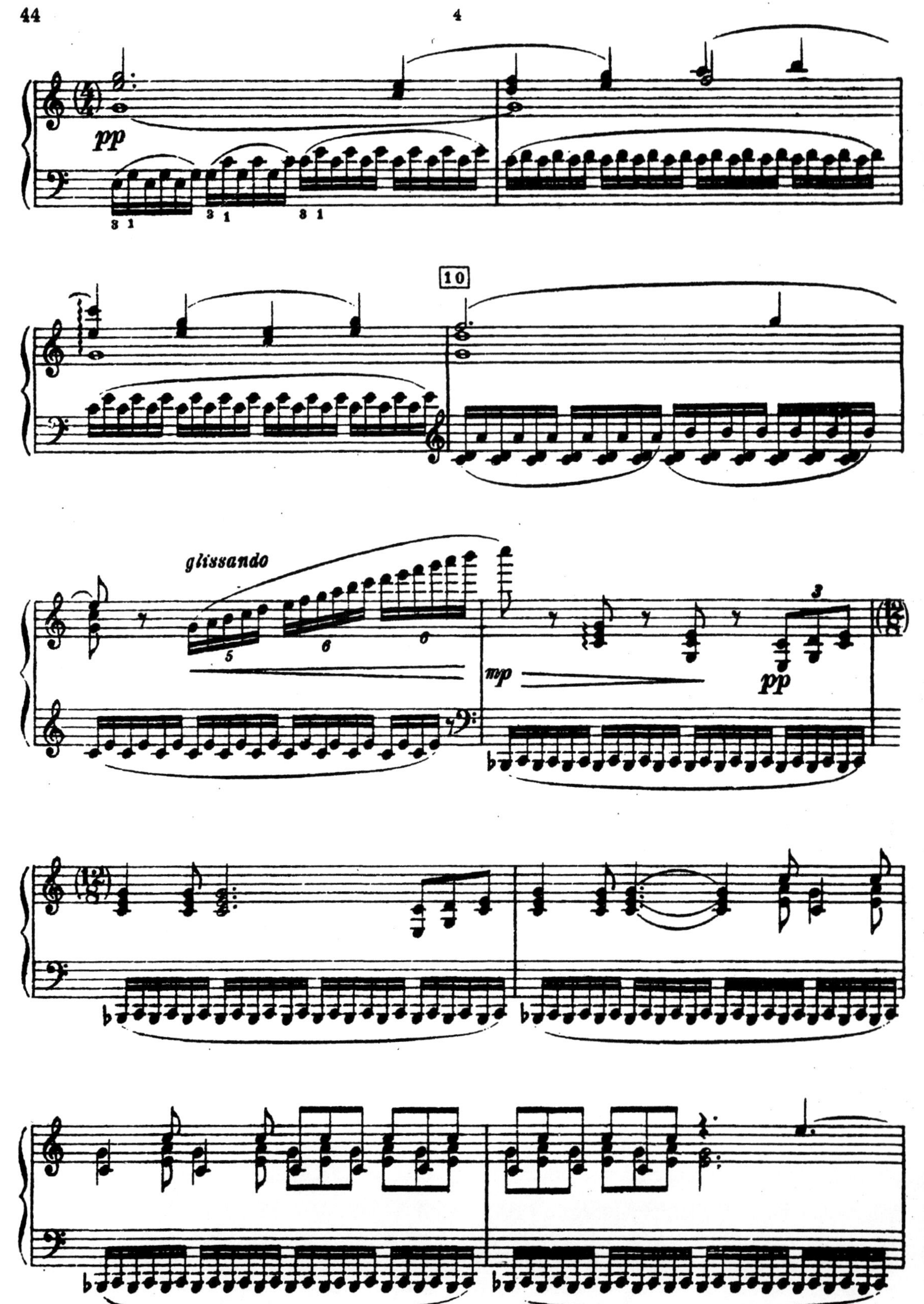
4
pp
3 1
3 1
3 1
10
glissando
5
6
6
mp
3
pp

pp
20
pp
6
6
7
7
7
mf
pp
3
и т. д.

4

30
Бертран
(Отворяет калитку.
При-зыв-ный рог...
Кто э-тот гость не-ждан-ный?
Входит Альмерик)
Б.
Кто б ни был ты, ни ша гу даль-ше!
Сю-да нель-зя вой-ти под стра-хом каз-ни. Сту-пай!
Альмерик
40
Ве-ле-ньем ко-ро-ля я здесь и не уй-ду, при-ка-за не ис-

A.
-пол-нив.
Recit. ad libitum
B.
Ко-гда ко-роль же - ла-ет пе-ре-дать при-каз, он по-сы-
p
-ла-ет к нам Ра-у-ля, о-ру-же-нос-ца, дру - га мо-е-
Andante non troppo (♩=80)
Альмерик
Recit.
У-знай, ста-рик: Ра-уль вче-ра скон-чал-ся.
Recit.
-го.
Скон-
Andante non troppo (♩=80)
p
colla parte
50
-чал-ся! О, бед-ный друг мой, не при-ве-лось мне с ним в по-
mf
p

riten.

Б.

-след-ний час про-стить-ся! По-шли, го-сподь, ду-ше е-го по-кой...

[Да бу-дет веч-ный мир ду-ше е-го...]

p

Альмерик

a tempo

Я за-ме-нил Ра-у-ля. Вот пер-стень ко-ро-ля и вот е-го пись-мо!..

Б.

Но кто же ты?

a tempo

mf

mf

А.

Б.

Recit.

Я пер-стень у-зна-ю, он ко-ро-лев-ский. Пись-мо с е-го пе-чатью!

f

(читает письмо)

a tempo (♩= 80)

pp

4
(кланяясь)
60
Б.
Вход от - крыт вам.
mp
pp
Альмерик
О, что за рай!
p
Recit.
А.
Но пре-жде чем спро-сить, где я, вам весть я пе-ре-
Adagio
mf
sf
-дам, что че-рез час ко-роль сю-да при-бу-дет, а с ним ве-
[вско - ре сам]
colla parte

А.
-ли.кий мав.ри.тан.ский врач!
По.то.ро.пись же мне по.ве.дать, где я, от-
А.
-ку.да э.тот рай сре.ди пу.сты.ни, кто здесь жи.вёт?
Бертран
Дочь ко.ро.ля Ре.не, сле-
mf
p
70
В.
-па.я И.о.лан-та, не.вес-та гер-цо-га Бур-
Альмерик
Дочь ко.ро.ля сле-па?
В.
-гун-ди-и, Ро.бер-та!
О-на не зна.ет све-та!
mf
espress
p dolce

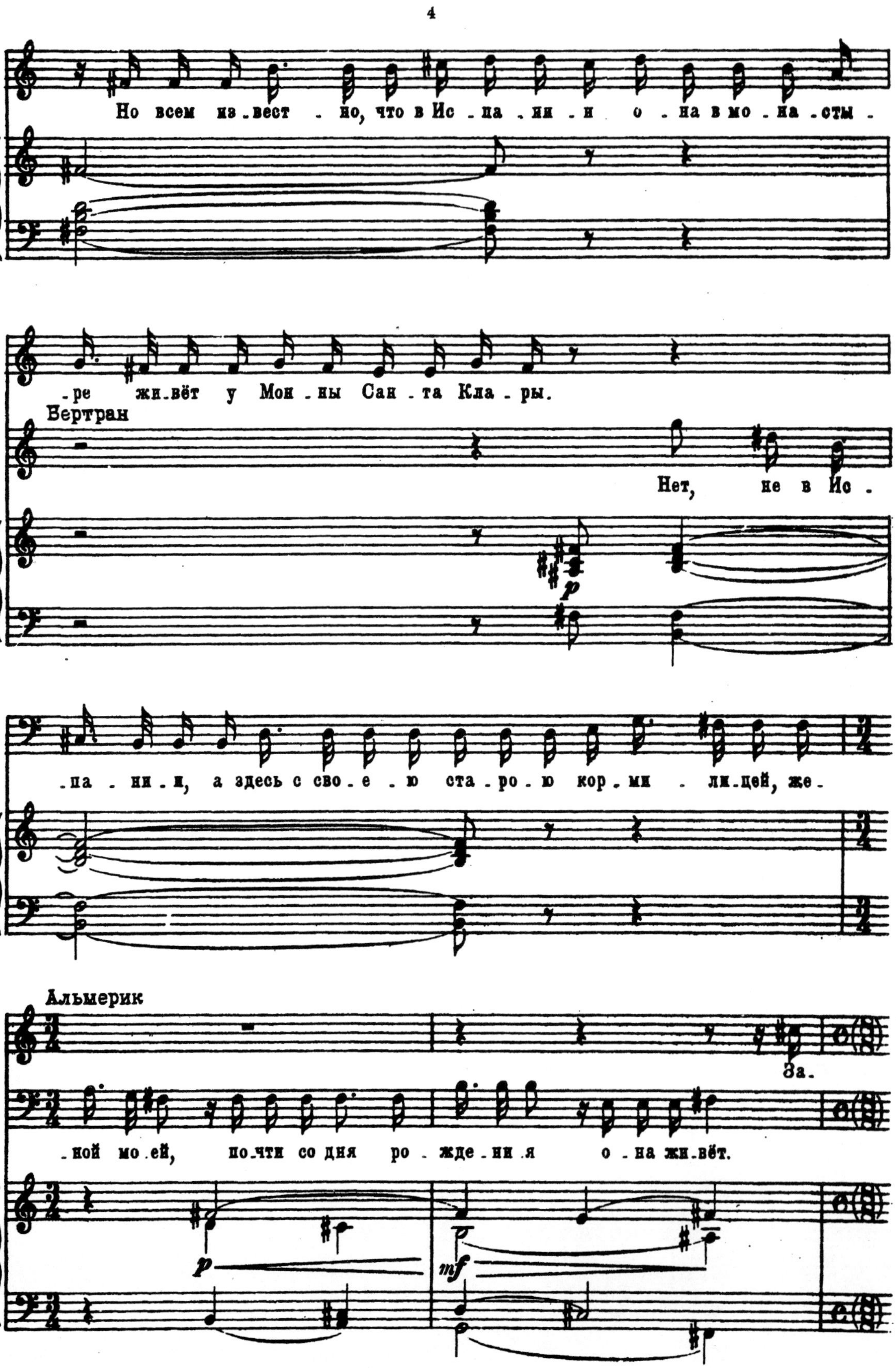

А.

Но всем из_вест_но, что в Ис_па_ни_и о_на в мо_на_сты_

А.

_ре жи_вёт у Мон_ны Сан_та Кла_ры.

Вертран

Нет, не в Ис_

Б.

_па_ни_и, а здесь с сво_е_ю ста_ро_ю кор_ми_ли_цей, же_

Альмерик

За_

В.

_ной мо_ей, по_чти со дня ро_жде_ни_я о_на жи_вёт.

Largo
-чем же э - то?
Ко-роль же-ла-ет скрыть от гер-цо-га Ро-бер-та до ис-це-ле-ни-я не-
Largo
p
80
(Входит Марта)
-счастье И-о-лан-ты
Poco più
sf
p
mf
Же-на! О-ру-же-
-но-сец Аль-ме-рик.
mf
p
С пись-мом от ко-ро-ля он при-был
Poco meno
и воз-ве-стил, что го-су-дарь здесь бу-дет, а вме-сте
mf

4
Марта (Бертраму)
Он
Б.
с ним ве - ли - кий мав - ри - тан - ский врач.
f
М.
в тай - ну И - о - лан - ты по - свя - щён?
Альмерик
Ваш муж мне
sfp
p
М.
Но он ска - зал ли, что бед - на - я не
А.
всё от - крыл.
p
poco sostenuto
М.
зна - ет ни - че - го про сле - по - ту сво - ю и что при
colla parte
p

И.
ней у - по - ми - нать не - льзя о све - те, о кра - со -
90
И.
- те все - го, что на - ши о - чи ви - дят. Смо -
Poco più vivo (♪= 126)
М.
- три - те, о - сте - ре - гай - тесь так - же на - зы -
mf
М.
- вать от - ца е - ё мо - нар - хом, ко - ро -

М.
-лём... Он для не-ё бо-га-тый ры-царь Ре-
М.
-не, не бо-ле-е... Так го-су-дарь ве-лел.
Альмерик
Е-го жела-нье для ме-ня за-
Poco di più (♪ = 144)
(Призывный рог за сценой)
А.
-кон.
Ossia
и т.д.
Бертран
(Идёт и отворяет калитку.
При-зыв-ный рог! На э-тот раз к-роль!
[То при-был сам]

100
Входит король Рене в сопровождении Эбн-Хакиа)
mf
p
mf
p
f
sf
Recit.
Король
Вот, муд - рый врач, где мир - на - я о - би - тель мо -
К.
- ей го - луб - ки бед - ной, И - о - лан - ты!
p
К.
Largo (♪=92)
Ты зна - ешь всё те - перь. В тво - их ру -
p

4

Эбн-Хакиа

К. -ках по-след-ня-я на-де-жда ис-це-ле-нья! Но где о-на? е-ё я дол-жен

mf mf

Марта

Э.-Х. ви-деть. О-на те-перь за-сну-ла, у-то-

Эбн-Хакиа

М. -мясь от зно-я и про-гул-ки. Чтож, тем

110

Э.-Х. луч-ше, я о-смо-треть е-ё во сне мо-гу у-

f

Король

Э.-Х. -доб-не-е. Мар-та и Бер-тран, про-во-ди-те вра-

Largo assai (♪=80)
ad libit.
-ча к го-луб-ке на-шей. Со стра - хом жду ре-
sfp
Эбн-Хакиа
-ше-нья тво-е-го. Ал-лах ве-лик, на-дей - ся на не-
f
(Уходит в сопровождении Марты, Бертрана и Альмерика)
-го!
ff
sff
sf
Recit.
Король
Что ска-жет он? Ка-кой от-вет про-из-не-сёт е-го на-
mf
pp

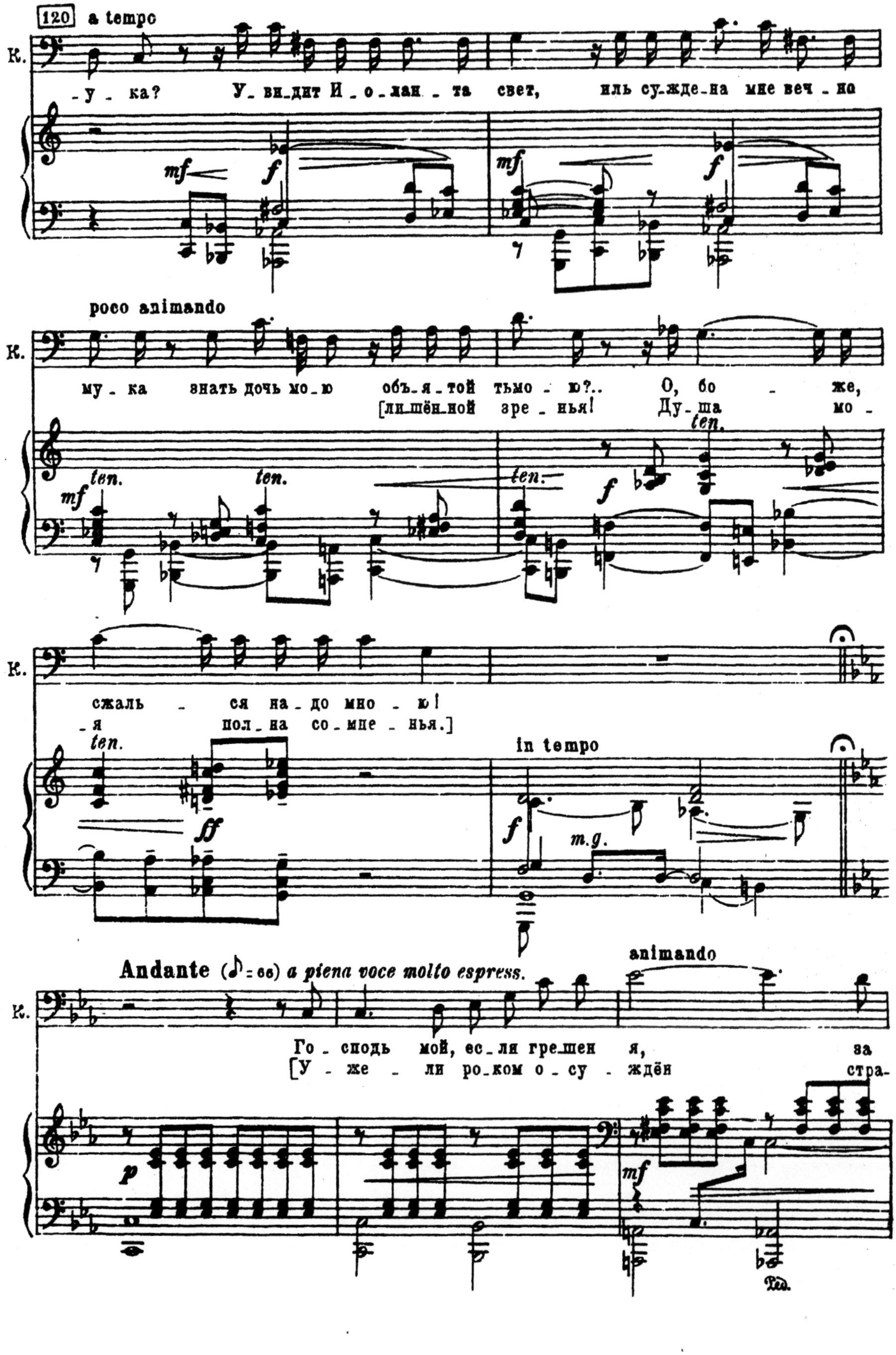

120 a tempo

К.

-у - ка? У-ви-дит И-о-лан-та свет, иль су-жде-на мне веч-на

poco animando

К.

му-ка знать дочь мо-ю объ-я-той тьмо-ю?.. О, бо - же,
[ли-шён-ной зре-нья! Ду-ша мо-

К.

сжаль - ся на-до мно-ю!
-я пол-на со-мне-нья.]

in tempo

Andante (♪ = 66) *a piena voce molto espress.*

animando

К.

Го-сподь мой, ес-ли гре-шен я, за
[У-же-ли ро-ком о-су-ждён стра-

130
riten.
a tempo
animando
К.
что стра_да_ет ан _ гел чи _ стый? За что по_верг из_за ме_
_дать не_вин_но] [И в мрак на_ве_ки по_гру_
espress.
p
mp
p
a tempo
string.
_ня во тьму ты взор е _ ё лу_чи _ стый? О,
_жён мо _ ей Ио_лан _ ты взор] [Чтоб
mf
espr.
f
p
Più mosso (♩=88)
дай мне ра_дост_ну_ю весть, у _ тешь на_де_ждой ис_це_
слы _ шать] [у _ знать на_де_жду]
mf
p

140
К.
-ле - нья! Я за не - ё го-тов при - несть ко -
[без борь-бы]
p pp cre - scen - do
К.
-ро - ну, власть, мо-и вла - де - нья... Ли - ши ме-ня все - го, - по -
[Го - тов от-дать я всё, - по -
mf
p
riten.
f
К.
-ко - я, счастья, я всё сми - рен-но пре-тер - плю, за
-кой, от - ра - ду,]
p
poco dim.
p
pp

Tempo I *a piena voce* **animando** 150 **riten.**

К.

всё те_бя бла_го_сло _ влю! Смо _ три,-го_тов во пра _ хе

[судь_бу] [В ли _ ше_ньях я най_ду у _

mp *mf* *f*

a tempo *ff* *ad libit.*

К.

пасть я, все _ го ли_шить_ся, всё от _ дать, но толь_ко

_сла _ ду. Го _ тов и жизнь сво_ю] [ко_гда бы

colla parte

mf *p* *mf*

Poco più mosso (♩ = 80)

К.

дай мне не ви _ дать мо _ ё ди _ тя объ _ я _ тым

мог я] [Ио_лан _ ты взор]

mf *mf* *mp*

riten. ad lib. più tosto Largo

mf f

К.

тьмо - ю! О, бо - же, сжаль - ся на - до мной, пе - ред то - бой го - тов во

p pp mf

Ped.

160

Più mosso

p

К.

пра - хе пасть я, о, бо - же, бо - же мой, сжаль - ся, сжаль - ся на - до мно - ю!

colla parte

p p mf

Tempo I

К.

ff ff sf f p

Ped. Ped. Ped.

№ 5. СЦЕНА И МОНОЛОГ ЭБН-ХАКИА

Moderato assai (♩= 84)
Эбн-Хакиа
10
Andante (♩= 69)
Король
К.
-тах. На-дей - ся, го-су-дарь, ве-лик ал-лах! Во-и-сти-ну ве-
mf
sf
-лик и благ.
Эбн-Хакиа
По-стой,
f
p
ad libitum
a tempo
Э.-Х.
и дай мне вы-ска-зать мо-ё ре-ше-нье! Да, го-су-дарь, воз-
mp
Tempo giusto (♩= 69)
Король
-мож-но ис-це-ле-нье, но толь-ко... Го-во-ри, ка-кой це-ной!
pp

[20]

Эбн-Хакиа

Всё от.дам, над чем и.ме.ю власть я, дай только ей, о, врач, у.видеть свет! О.

cresc.

Э.-Х. -на должна у.знать сво.ё не.сча.стье.

Король (с ужасом)

О сле.по.те?!

f

Poco meno

К. Да.ёшь ли ты о.бет ей зре.нье воз.вра.тить?

sf

Adagio (♩ = 56) Эбн-Хакиа

Всё в божь.ей

[О, го.су.

mf *sf*

Э.-Х. вла.сти. На.у.ка не все.силь.на; о.бе.щать я не мо.

.дарь мой!]

mf *sf* *mf* *sff*

Poco meno (♪ = 108)
Король
Э.-Х.
-гу... И я о мрач-ной до-ле у-бо-же-ства ей дол-жен рас-ска-
simile
p
30
К.
-зать, рас-крыть всю глу-би-ну е-ё не-сча-стья, не о-жи-да-я доб-
mf
p
К.
-ро-го кон-ца? О, мавр же-сто-кий, нет в те-бе у-ча-стья
К.
к стра-да-ньям бед-но-го от-ца! Как об-ма-нул-ся я в мо-ей на-
sf
mf
sf
mf

К.
-де - жде... От - ны - не я не
ве - рю ни - ко - му! Про - щай!
Largo assai (♪ = 88)
Эбн-Хакиа
Ты вла - стен сде - лать
всё, но пре - жде дай мне ска - зать: ре -
cresc.
- ше - нью мо - е - му ты под - чи - нить - ся мо - жешь и - ли
ten.
mf
40
riten.
нет, но я о - бя - зан дать те - бе со - вет.
sf
f
p

5

Adagio con moto (♩ = 76)
Э.-Х.
Два ми-ра: плот-ский и ду-хов-ный во всех яв-ле-ньях бы-ти-я
pp
p
più f
здесь сли-лись во-ле-ю вер-хов-ной, как не-раз-луч-ны-е друзья.
[на-ми раз-лу-че-ны у-слов-но- о-ни е-ди-ны, зна-ю я.]
legatissimo
pp
На све-те не-ту впе-ча-тле-нья,
что те-ло зна-ло бы од-но,

più f
как всё в при-ро-де, чув-ство зре-нья
p
mf
p
ossia
p
не толь-ко в нём за-клю-че-но. И
mf
p
пре-жде чем от-крыть для све-та
pp

5
50
Э.-Х.
плот - ски - е, смерт - ны - е гла - за, нам
[мир - ски - е,]
poco a poco cresc.
нуж - но, что - бы чув - ство э - то
p
Ped.
*
по - зна - ла веч - на - я ду - ша.
[по - знать су - ме - ла и]
poco cresc.
f
Ко - гда по - я - вит - ся со - зна - нье
mp cresc.

cresc. ff

ве - ли - кой ис - ти-ны в у - ме, то -

mf cresc.

-гда воз - мож - но,

f marcato 5

Ped. Ped.

вла - сти - тель мощ - ный, да,

mf marcato

p 3

то - гда воз - мож - но, что же - ла - нье

p

5

Э.-Х.
про - бу - дит свет в те - лес - ной тьме.
[в е - ё о - чах.]
Э.-Х.
60
pp
m. d.
m. g.
3
Adagio (♩ = 56)
Король
О, бо - же мой!
Не - уж - ли до сих пор я о - ши -
[У - же - ли]
p
mp cresc.
К.
- бал - ся?
Страш - но - е со - мне - нье...
Эбн-Хакиа
Те - перь ре - шай, ты зна -
f
f p

5

Poco incalzando

Э.-Х.

-ешь при-го-вор, я не мо-гу на-чать сво-ё ле-че-нье, по-ка не

mp

Э.-Х.

бу-дет И-о-лан-та знать о сле-по-те и жа-ждать ис-це-ле-нья. До

mf mp

mf

Э.-Х.

70 a tempo

ве-че-ра я бу-ду ждать здесь в э-том зам-ке ре-ше-нья тво-е-

sf mf

f

Э.-Х.

(уходит) Король

-го. О, дочь мо-я! И-о-лан-та!

sf sf

5

К.
Нет, нет! Не мо_жет быть! вход сю_да це_но_ю жи_зни ку_пит,
f
sf
К.
кто по_же_ла_ет тай_ну ей от_крыть. Так ре_ше_но, и
mp
f
ff
Poco più (♩ = 60)
(уходит)
К.
врач от_цу у_сту_пит.
ff
ff marcato
80

sf *m. d.*

(Сцена некоторое время остаётся пустою)

mf

di - mi - nu - en - do

p

pp

6

№6. СЦЕНА И АРИЯ РОБЕРТА

Водемон

-но. Впе - рёд!

я ви - жу дверь пред

pp

p

10

Роберт

Водемон

на - ми. Ка - ку - ю дверь? И -

pp

poco cresc.

Ped.

Ped.

(Входят на сцену через дверь)

-ди за мной!

Ossia

m. d.

mp

Ped.

sempre Ped.

p

Водемон
Где мы? Сво - и - ми ли гла -
В.
- за - ми я ви - жу
20
В.
рай средь ди - ких
В.
скал!
Роберт
Смо - три, тут кто-то на - пи - сал:

P.

„Вер - нись на - зад, ис - пол - нен - ный бо - яз - ни,

p

сю - да нель - зя вой - ти под

poco cresc.

30

стра - хом смерт - ной каз - ни.“

Водемон
Ро - берт, что э - то? объ - яс -
mf
Poco meno (♩=126)
В.
- ни! Уй - дём!
Роберт
Я ни-че-го не по-ни-ма-ю. Нет,
Poco meno (♩=126)
mf
Р.
riten.
бо - же со - хра - ни по - ки - нуть э - тот сад, по-доб - ный
Allegro non tanto (♩=116)
40
Р.
ра - ю! Я не хо - чу о - пять пу - скать - ся в даль - ний
mf

83

P.
путь чрез деб-ри и ска-лы! И так блу-
[го-ры и ле-са!]

Poco più animato (♩=138) Водемон
А ес - ли кто-ни-будь вой-
P.
-жда-ли мы не ма-ло.
Poco più animato (♩=138)
mf

B.
Роберт
-дёт и нас за-ста-нет? Ну чтож? по-

Allegro non tanto (♩=116)
P.
-сер-дит-ся и пе-ре-ста-нет; мы у-кро-
f
p

6
50
Р.
-тим е-го ме-чом! Да и по-том: чем доль-шек ко-ро-
-лю Ре-не за И-о-лан-той не при-е-ду,
тем луч-ше мне, тем луч-ше.
Ах, ес-либ ей про-пасть бес-след-но!
mf
pp
p
pp
mf
p
sf
p

Я да - же рад был за - блу - дить - ся, лишь бы не
marc.
ви - деть мне е - ё!
60
Водемон
Ко - роль на - вер - но со - гла -
marc.
mf
- сит - ся рас - торг - нуть сва - тов - ство тво - ё. Он, го - во -
f
p
- рят, так добр, у -

6
Роберт
В.
-мён!
Ах,
ес - либ, ес-либ,
Во-де-
Водемон
Р.
-мон!
Ну хо-ро-шо, а вдруг
о-на пре-лест-на?..
p
pp
Роберт
Un poco animando
Водемон
Роберт
Кто?
Ио-лан-та? Да!
-На-вер-но чо - пор-на,
poco cresc.
p
poco cresc.
mp poco
70
Moderato (♩=100)
Р.
гор - да...
Мо-на-хи-ни мне
cresc.
mf
f

riten.
раз - ве не из - вест - ны? С сво - и - ми „be - ne - di - ci - te“ и
riten. molto
„a - men,“ хо - лод - ны - е, без - душ - ны - е, как ка - мень.
colla parte
Vivace (♩.=120)
Роберт
molto riten.
Кто мо жет срав - нить - ся с Ма -
cresc.

80 Moderato (♩.=72)
[mf] appassionato con dolcezza
P.
-тиль-дой мо-ей, свер-ка-ю-щей ис-кра-ми чёр-ных о-
-чей, как на не-бе звё-зды о-сен-них но-
-чей! Всё страст-но-ю не-гой в ней
Più vivo (♩.=80)
f
mf

P.

лив - но пол - но, в ней всё о - пья - ня - ет, в ней

P.

ff

всё о - пья - ня - - ет и

f

90

P.

riten. **Moderato assai** (♩. = 66) *con dolcezza*

жжёт, как ви - но. О - на толь - ко

mf

p

animando
Р.
взгля - нет,— как мол - ни - ей ра - нит, и пла - мень люб -
riten.
più f
- ви — за - рде - ет в кро - ви; о - на за - сме -
mf
Moderato assai
animando
- ёт - ся, иль пе - сней за - льёт - ся,— и жем - чу - гов
p

6
riten.
cresc.
ff
P.
ряд ли-цо о-све-тят, о
poco cresc.
100 Andante (♩.=60)
P.
страс - ти ки-пу-чей, и бур-ной, и жгу - чей, гла-
f
p
trem.
Ped.
P.
-за го-во-рят и к бла-жен-ству ма-нят, к бла-
f
p
f

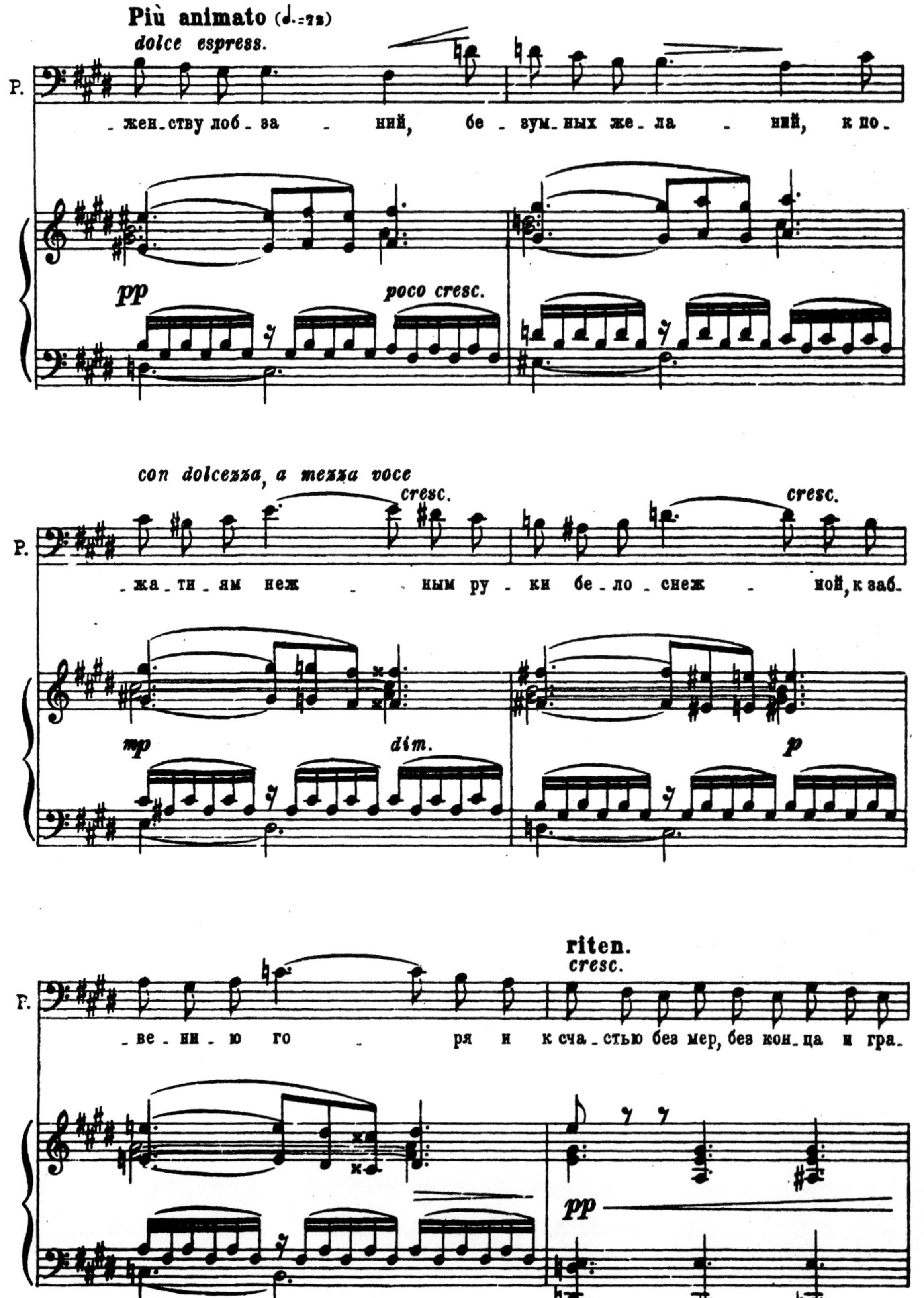
Più animato (♩. = 72)
dolce espress.
P.
-жен-ству лоб-за - ний, бе-зум-ных же-ла - ний, к по-
pp
poco cresc.
con dolcezza, a mezza voce
cresc.
cresc.
-жа-ти-ям неж - ным ру-ки бе-ло-снеж - ной, к заб-
mp
dim.
p
riten.
cresc.
-ве-ни-ю го - ря и к сча-стью без мер, без кон-ца и гра-
pp

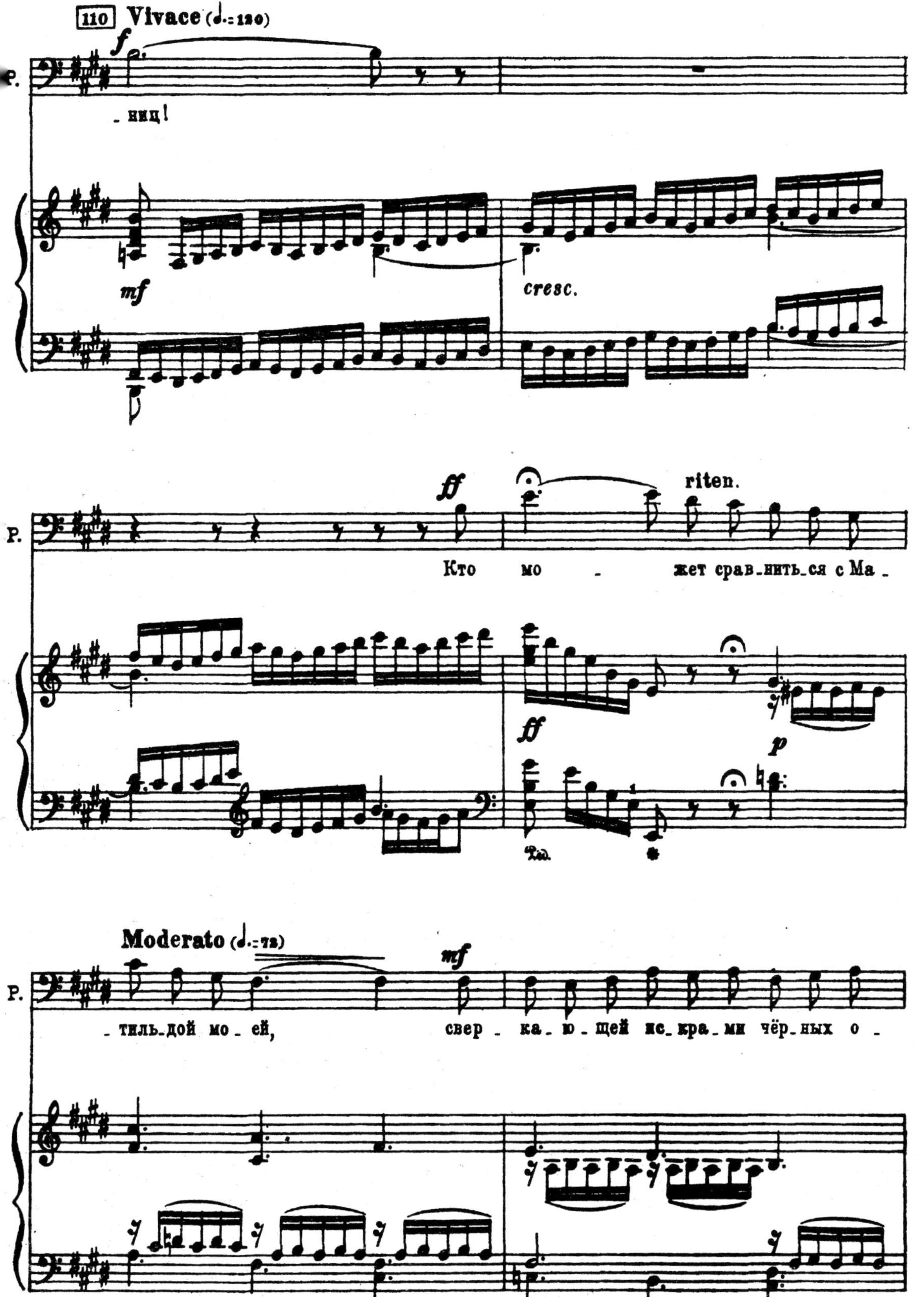
110 Vivace (♩.=120)
f
P.
-ниц!
mf
cresc.
ff
riten.
Кто мо - жет срав-нить-ся с Ма-
ff
p
Moderato (♩.=72)
mf
-тиль-дой мо-ей, свер-ка-ю-щей ис-кра-ми чёр-ных о-

P.
-чей,
как на не-бе звё-зды о-сен них но-
P.
-чей!
Всё страст - но-ю не-гой в ней
Più vivo (♩. = 80)
f
mf
120
P.
ди-во пол-но, в ней всё о-пья-ня-ет, в ней

cresc.
fff
всё о - пья - ня - - ет и
mf
cresc.
ff
Poco sostenuto
жжёт, как ви - но, и жжёт, как ви -
f
sf
Moderato (♩. = 100)
- но!
ff

№ 6а. РОМАНС ВОДЕМОНА (вставной)

poco animando
cresc.
a tempo
mf
любовь во мне, меч-та-я, спит... Ей снит-ся ан - гел не-по-роч-ный,
espress.
poco cresc.
mf
20
Poco più (♩= 84)
f
не-бес - ный крот - кий, чуд-ный вид... Об-лик дев-ствен-ной бо-
[свет - ло - го си-
p
mf
poco a poco
-ги-ни, ве-ли-ча - вой кра-со - ты, с взо-ром пол-ным бла-го-
-я-нья, об-лик див - ной] [с ли-ком] [о ба-
p
mf
p
mf

animando
В.
-сты-ни, хе-ру-вим-ской доб-ро - ты... Гость се-ле-нья не-зем-
-я-нья и чу-дес-ной]
p
mf
p
30
В.
-но-го, сне-га веш-не-го свет - лей, чи-ще лан - ды-ша лес-
p
mf
mp
f
riten.
В.
-но-го, ти-ше ли - ли-и по-лей- вот че-
[кра ше]
mp
f
mf cresc.
ff

Allegro moderato (♩ = 120)
ad libitum
f con passione
40
-го я жду и жа-жду! О, при-ди, свет-лый при-зрак, ис-
[ан-гел,]
sf p
-точ-ник люб-ви, серд-ца тай-ны-е стру-ны со-грей, о-жи-
p
p
poco accelerando
50
dimin.
riten.
-ви! Из-за та-ю-щих туч о-за-ри, свет-лый луч, су-мрак

a tempo
Allegro moderato (♩=180)
p
В.
пыл.кой ду - ши, о, спе - ши, спе - ши! О, при -
p
mf
p
60
cre - scen - - do
f
- ди, свет.лый при.зрак, жду те - бя, жду те -
[ан - гел,]
cre - scen - - do
animando
ff
riten.
a tempo
- бя! Ах! Ис - то - ми.лось серд - це,
f
ff
dim.
p

8a
70
dim.
p
pp
жду я,
жду я,
по-спе-ши, по-спе-
pp
mf
-ши!
О, при-ди,
о, при-ди!
80
espress.
riten. molto
Andante
Жду те-бя, свет-лый ан-гел, при-ди, при-ди!
ppp

№ 7. СЦЕНА И ДУЭТ

10
Роберт
Вер.но фе.и ка.кой-ни.будь...
Водемон
О.ни ве.
.дут к тер.ра.се...
Роберт
В дверь по.сту.чи!
3
(Водемон всходит на террасу)
mf
cresc.
f
Водемон Rècit.
О.на не за.пер.та и от.во.ри.лась тот.час,-
Allegro (♩ = 138)
я ед.ва кос.нул.ся до не.ё.
Роберт
Взгля.
pp
poco cresc.
6

7
20
P.
Водемон
ни... что там?
Мой бог!
p cresc.
mp cresc.
B.
Ро - берт, Ро - берт! О, что я
mf
Andante (♩=69)
ви - жу! Нет, ан-ге-ла! Тво-рец! как хо-ро -
Роберт
Волшебницу?
cantabile
poco dim.
m. d.
ша о - на!
Дай по-смо-трю и я!..
ff

Водемон
30
Сле -
(смотрит в дверь)
Мо-ло-день-ка - я де-воч-ка!
più f
sf
m.d.
-пец! Как хо-лодно сказал ты! О, по-гляди!
p
poco dim.
Poco meno (♩= 63)
f
Как? э - тот об - раз дев - ствен - но пре -
ff
p
cre - scen -
- крас - ный не бу - - дит раз - ве
do
f

Adagio (♪=116)
В.
тре-пе-та в гру-ди?
Роберт
Уй-дём, Гот-фрид! Мне
Adagio (♪=116)
p
Р.
ка-жет-ся о-пас-но здесь о-ста-вать-ся.
3
3
Р.
Э-тот стран-ный сон кра-са-ви-цы как буд-то не-ес-
p
с то-бой
Р.
-те-ствен! Но что с то-бой? ты бле-ден, Во-де-
mf

Tempo I (♩ = 69)

Водемон

f

40

Со - зда - тель! как по-кой е-ё бо-
[О не - бо!] [пре-

Р.

-мон!

Tempo I (♩ = 69)

molto espress

mf

mf

В.

-же - ствен!
-кра - сен!]

Р.

Он о-кол-до-ван...Гот-фрид! от-ве-чай! бе-жим! спе-ши стрях-

cresc.

f

Р.

-нуть о - ча-ро-ванье, за мной!

Водемон

f

Мол - чи, Ро-берт!

f

mf

В.
Не на_ру_шай сна ти _ хо_го не_бес_но_го со _
[пре _ лест_но _ го]
m.g.
cresc.
Poco meno (♪=120)
_ зда _ нья!
Роберт
Я,какбы ни бы_ло, спа_су те_бя и здесь не до_пу_щу о_статься!
ff
f
Tempo I (♩=69-♪=138)
(страстно)
50
Не от _ кры _ вай о_чей!..
Я не сне _ су их блес_ка...
p
dolcissimo

f
В.
Дай, о дай налюбо_ваться тобой! Мой бог! Роберт, о_на проснулась, ты разбудил! О_на и_дёт сю_да!..
[Роберт!]
m.g.
cre - scen - do
mf
(сбегает с террасы)
Роберт
(стараясь силою увлечь Водемона)
Я не по_зво_лю, чтоб о_на кос_

(вырываясь)
(Входит Иоланта и останавливается на верху террасы)
В.
Нет, нет, ни_ко_гда!
[ни за что!]
Р.
-ну_лась те_бя... Бе_жим скорей!
sf
poco riten.
Poco sostenuto (♪= 126)
Иоланта
Кто здесь?
Водемон
Бур_гундский ры_царь, он...
(удерживая Водемона)
Не от_кры-
leggiero
p
50
(отстраняясь)
Зо_вусь я Во_де-
-вай ей кто мы... мол_чи!

Moderato assai (♪= 104)
И.
Мне не_знако _ мы и странны ваши го_ло_са...
В.
-мон...
Р.
Молчи!
Moderato assai (♪= 104)
mf
p
И.
Кто вы?
Вы вер _ но у _ то _
В.
Мы за_блу_ди_ лись, прой _ дя сквозь деб _ ри и ле_са...
[чрез го _ ры]
p
mf
(идёт за вином)
И.
_ми _ лись? я при_не_су сю_да ви_на о _ править ва_ши си_лы...
[о _ но вер_нёт вам]
p

Meno (♪= 88)
Водемон
(восторженно)
О, э-то рай!
Роберт
Нет, за-пад-ня! По-ги-бель нам гро-зит, друг ми-лый!
Meno (♪= 88)
pp
p
Andante (♪=126)
70
P.
Я да-ром сдать-ся не хо-чу, мне жизнь ми-лей мо-
mf
-ги-лы. О-стань-ся здесь, я по-ле-чу, най-ти от-ряд су-
3
f
(Иоланта возвращается с дву-
-ме-ю, и с ним при-ду те-бя спа-сти с кра-са-ви-цей тво-

мя кубками вина)
(уходит)
-е-ю. Не бой-ся, жди ме-ня, про-сти!..
ff
f
Più Andante (♪= 104)
Иоланта
Вот, ры-ца-ри, ви-но... е-го о-тец мой лю-бит...
p
Molto più mosso (♪= 144) 80
(Водемон берёт кубок и пристально смотрит на Иоланту)
Recit. Водемон (про себя)
И.
Не-у-же-ли ме-ня о-
mf
f
(решительно)
(выпивает вино)
В.
-но со-бой по-гу-бит? Пу-скай! из э-тих рук я смерть при-му с от-ра-дой!
mf
pp

(Иоланта продолжает держать поднос с кубками в ожидании, что Роберт возьмёт свой)
Иоланта
А где же друг твой? е - му бы-ла я ра - да...
90
Водемон
Adagio
Мой друг у - шёл, но он вер-нёт-ся...
Иоланта
(ставит на стол поднос с кубками)
У - шёл? Как жаль...
Водемон
Жаль? от - че - го?
Иоланта
Я ра-да всем, кто здесь бы-ва-ет и ред-ко о-ста.

-юсь од-на. Мо-и дру-зья во вре-мя сна о-ста-ви-ли ме-ня... и вот из
mf
Водемон
riten.
них ни-кто не зна-ет, что я про-сну-лась. Э-то я, я сон на-ру-шил ваш... Про-сти-те!
p
sfp
100
Moderato con moto (♩ = 100)
a piena voce
Вы мне пред-ста-ли как ви-де-нье не-бес-ной
[вол-шеб-ной]
poco cresc.
riten.
a tempo
чи-стой кра-со-ты, как при-зрак сла-дост-ной меч-

110
В.
-ты, как об - лик чи-стый вдох-но - ве - нья. Мой
[див-ный]
poco cresc.
mf
pp
animando
(воодушевляясь)
В.
крик не-воль-ный вос-хи - ще - нья вас раз-бу-дил и пре-до
poco cre - scen - do
120
a tempo
a mezza voce
В.
f
мной вдруг ан - гел не - ба стал зем - ной! Но ви - жу,
[меч - та за-жглась кра - сой]
mf
dim.
p
(Иоланта, подойдя к кусту роз, срывает в замешательстве цветы)
В.
f
да, вы не ви - де - нье и вам да - но судь - бо - ю
[я]
cresc.
f

130
riten.
Poco meno
В.
жить, вну - шать лю - бовь, стра - дать, лю - бить!
mf
pp
Иоланта
Ты го - во - ришь так не - по - нят - но... Не
140
Poco animando
И.
зна - ю... но сло - ва тво - и мне слу - шать стран - но
poco cresc.
cre - scen - do
И.
и при - ят - но, от них кру - жит - ся го - ло - ва...
mf
dim.

[150]

Tempo I

И. Стран - но! В гру - ди ро - жда - ет - ся вол - не - нье и

pp *poco* *poco*

riten. **a tempo**

И. вме - сте страш - но - е со - мне - нье: дол - жна ли слу - шать я те -

cre - scen - do *mp* *cre*

[160] **riten.**

И. - бя? К че - му? за что? за что хва - лить ме - ня?

scen - do *f* *mf*

Quasi andante (𝅗𝅥 = 80)

Водемон (с чувством, выразительно)

И. ты в пер - вый раз пе - ре - до мно - ю. Же - ла - нье ва - ше мне за -

p *sf* *p*

170
-ком, мой пыл те-перь от вас я скро-ю, но что-
p
riten.
180
f
-бы э-то был не сон, не при-зрак сча-стья, в знак
mf
p
mf
a tempo
ritenuto ad li-
про-ща-нья из роз со-рви-те мне цве-ток на па-мять
[со-рви-те мне од-ну из роз]
colla parte
p
mf
p
bitum
190
на-ше-го сви-да-нья и жар-ко-го ру-мян-ца щек!
riten.
mf
p

Allegro moderato (♩= 116)
(Иоланта срывает белую розу и подаёт
ему)
m.d.
mp
mf
Водемон
Я крас_ну_ю про_сил со _ рвать...
Иоланта
Ка _
_ку_ю э _ то?
200
Я не зна _ ю.
Водемон (указывая
Од_ну из
на куст красных роз)
В.
тех про_сил я дать...
Иоланта
Ка _ ку _ ю? я не по_ни _

-ма-ю. Вер-ни мне ту, что я да - ла, и я
mf
Водемон
210
те-бе со-рву дру - гу-ю. О нет!
как вы, о - на свет -
mf
sf
-ла, е-ё на па - мять со-хра - ню я эм-бле-мой
f
sf
mf
poco sostenuto
ва - шей чи-сто - ты. Со-рви-те крас-ный ро-зан,
mf

a tempo

В.

о - ба гер - бом возь - му я на щи - ты и бу - ду ве - рен

[се - бе на щит]

sf mf p

320

Иоланта poco animando

В.

им до гро - ба. Я по - да - рить те - бе го - то - ва

p pp

(Иоланта срывает опять белую)

И.

дру - гу - ю ро - зу.

p mf f

Poco più vivo (♩ = 126)

Водемон

f

Как? и сно - ва вы да - ли бе - лу - ю?

[со - рва - ли]

230
(Иоланта в замешательстве срывает ещё белую розу)
о-пять?
я
крас - ну-ю про-сил со - рвать!
Иоланта
Что зна-чит
„крас - ну-ю"?
Водемон
(срывает несколько роз)
Ка-ка-я мысль!..
240

В. Ска - жи - те мне: со-рвал я

mf *p cresc.*

В. сколь - ко роз?

Иоланта (протягивая руки)

Ну, что же?

mf

И. дай их сю - да! Дай! где о - ни?

(Водемон, не давая

f *dim.*

250

роз, отступает)

И. ты шу - тишь... э - то так не -

p *mf* *p*

Водемон
Иоланта
сложно... Нет! не прикасаясь к ним... Не прикасаясь?!.. разве можно?
Водемон
Творец! творец!
260
она слепа-я! несчастная!
cre scen do
mf cresc.
Ossia

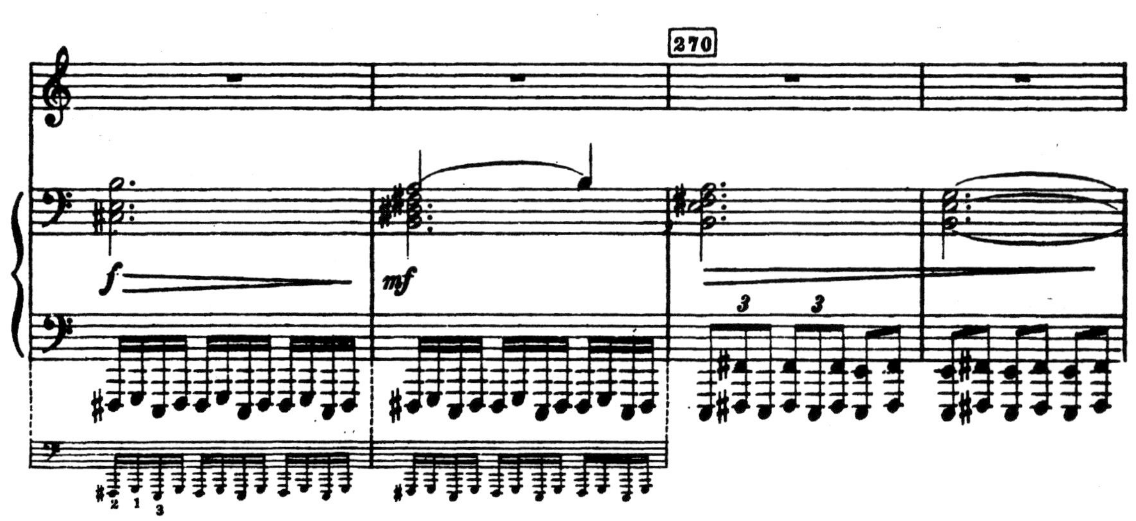
270

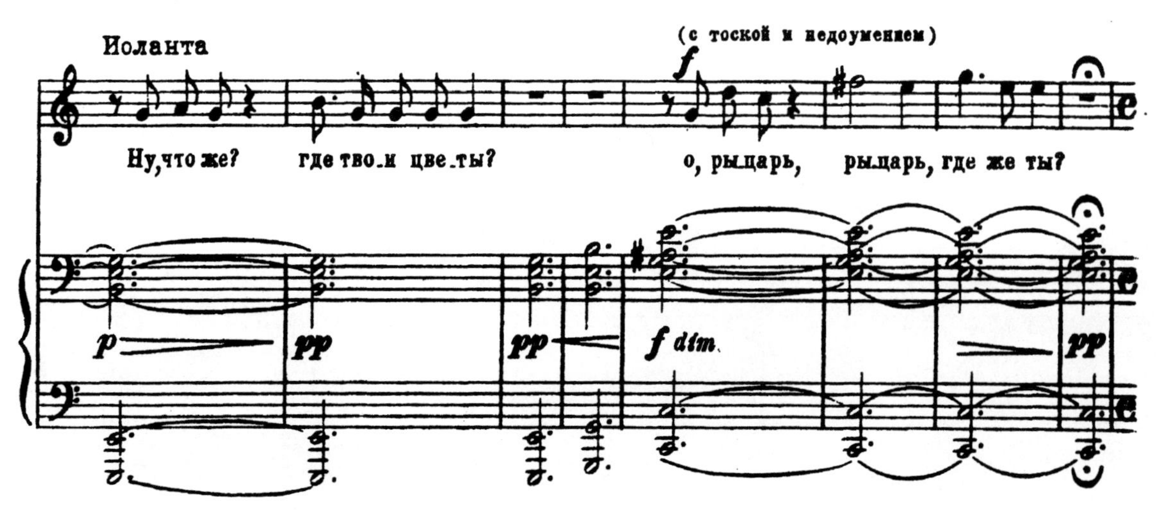
Иоланта
(с тоской и недоумением)
Ну, что же? где тво-и цве-ты?
о, рыцарь, рыцарь, где же ты?

280 **Moderato** (♩ = 100)

Тво-ё мол-ча-нье не-по-нят-но, не зна-ю, чем мо-и сло-ва те-бе мог-ли быть не-при-ят-ны... Ска-жи мне, в чём мо-я ви-на? Чу-жих я ред-ко здесь встреча-ю и мно-го-го

290

е-щё не зна-ю; ты на-у-чи- я мо-ло-да,

pp *pp* *mf* *espress.* *mf* *mf* *p* *mf* *mp*

И.
я бу_ду слу_шать_ся те_бя!..
Мол_чишь? Не
cresc.
хо_чешь быть со мной?
пусть бу_дет так!..
300 Quasi Andante (♩=80)
Тво_и же_ла_нья мне за_кон,
мо_ю пе_чаль
от всех я скро_ю...
Но, что_бы э_то был не сон,
310

riten.
a tempo
не при - зрак счастья, в знак про_ща_нья, со_рви и дай од_ну из
mf
p
Andante giusto (♩= 69)
(Не может кончить от наплыва слёз)
riten.
320
роз на па_мять на_ше_го сви_да_нья!..
colla parte
molto espress.
Moderato con moto (♩= 104)
Водемон
(берёт её руки)
Ди_тя, о нет, не на_до
riten.
330
Иоланта (радостно)
Водемон
слёз! Ты не у_шёл е_щё? Бед_няж - ка!..
mp
mf
p

В.

Ска-жи-те мне, не-
[у-

-уж - ли ни-ко-гда, хоть из-ред-ка, вам
-же - ли]

p *cresc.* *mp* *mf* *p*

340

В.

мысль не при - хо - ди-ла, что гроз-на - я, же-сто - ка-я судь-

mf

В.

-ба вас да - ра дра-го - цен - но-го ли-ши - ла? Не-
[У-

mf *mp*

Meno (♩= 88)
В.
-уж-ли вы не зна-ли, для че - го у вас бле - стят без-жиз-нен-ны-е
-же-ли]
Иоланта (прикасаясь к глазам)
350
В.
о - чи? За-чем гла-за да-ны мне? для то-го, чтоб пла-кать...
p mp p mp p
Водемон
riten.
a tempo
Иоланта
Пла-кать в вечном мра-ке но-чи!.. Как буд-то ты не зна-ешь, что от слёз печаль про-
[У - же-ли]
sf p mp
И.
-хо - дит лег-че и бы - стре - е? так всё в при - ро - де по-сле лет-них
p

7
360
un poco animando
Водемон
И.
гроз ста-но-вит-ся ду-ши-стей и бод-ре-е.
О, зна-чит
mf
p
pp
В.
нет в тво-ей гру-ди же-ла-нья у-ви-деть
poco
sempre animando
свет и сла-ву ми-ро-зда-нья?
a
poco
Иоланта
Водемон
Что зна-чит ви-деть?
По-зна-вать свет
[Свет по-знать пре-
cre
scen
do

Allegro moderato (♩=116)

Иоланта *f*

божий. Ры - царь,

- крас - ный.]

370

что та-ко-е свет?

ff

Moderato mosso (♩=96) Водемон (♩=♩) (восторженно)

ff

Чуд - ный пер - ве-нец тво-ре - нья,

[Чуд - ный дар при-ро - ды веч - ный,

f *mf*

simile

В.

пер - вый ми - ру дар творца, сла - вы божьей про - яв - ле - нье,

дар бес-цен - ный и свя-той, в нём ис-точ-ник бес - ко-неч - ный

В.

лучший перл его венца! Солнце, небо, звезд сиянье

[наслажденья красотой!]

В.

наполняют мир земной, всю природу и созданья

[море в блеске голубом,]

380

f *sf* *mf*

В.

несказанной красотой! Кто не знает блага света,

[мы лишь в свете познаём!]

un poco animando

f [*sf*] *mf* *p* *mf*

В.

тот не может так любить божий мир во мрак одетый,

[жизнь любить, мир земной]

p *mf* *p*

riten.
бо_га в тьме, как в све_те чтить!
[дол_жен серд_цу чу_ждым быть.]
cresc.
mf
f
Tempo I
ff
В.
Им по_знал я, не_до_стой_ный, вас, о, де_ва кра_со_ты,
mf
mf
390
В.
стан ваш дев_ственный и строй_ный, об_раз ми_лый и чер_ты,
f
ff
mf
f
ff
mf
В.
да, он пер_ве_нец тво_ре_нья, луч_ший ми_ру дар твор_
[дар при_ро_ды веч_ный, дар бес_цен_ный, дар свя_
f

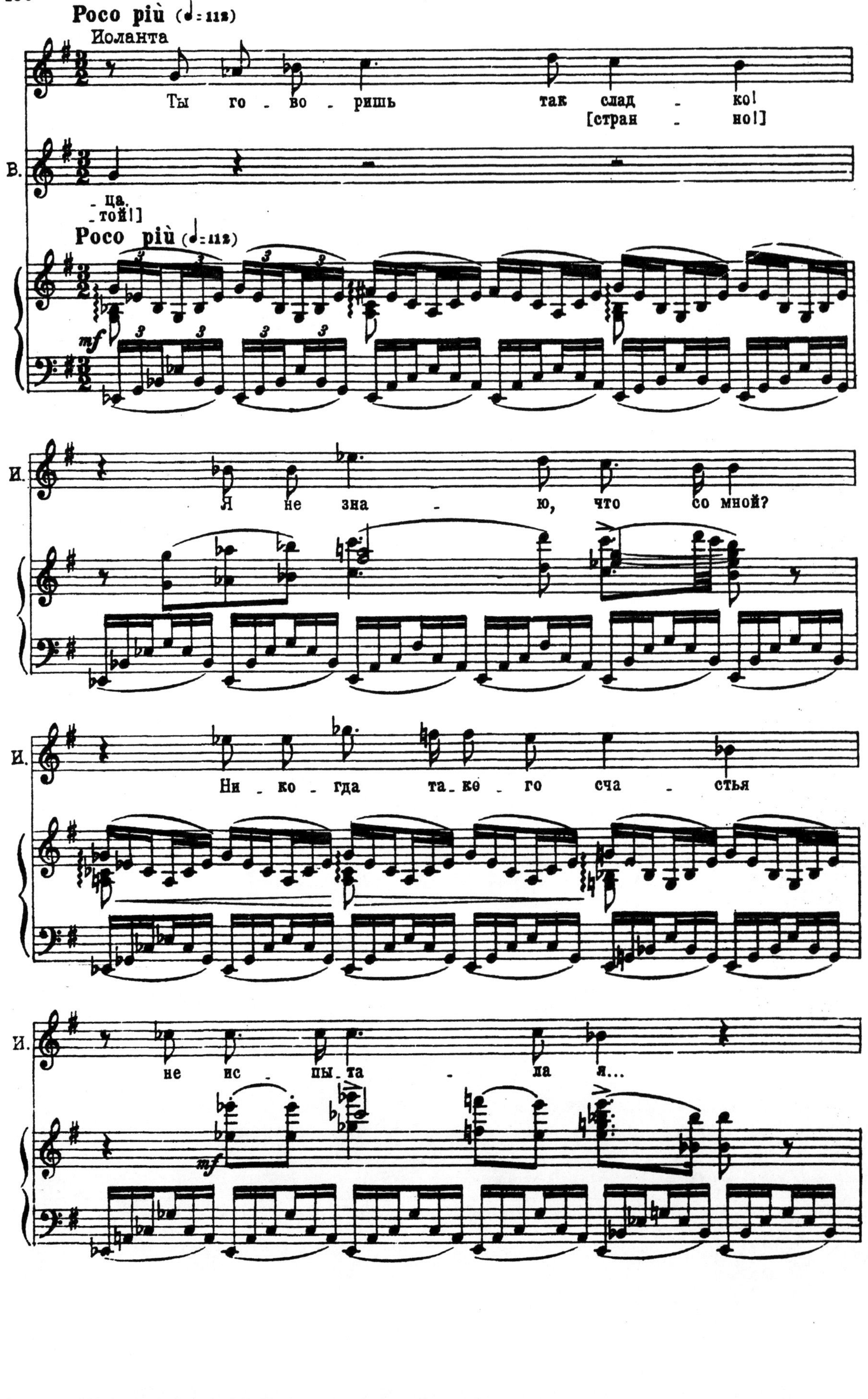

Poco più (♩=112)

Иоланта

Ты го - во - ришь так слад - ко!
[стран - но!]

В.

- ца.
- той!]

Poco più (♩=112)

mf

И.

Я не зна - ю, что со мной?

И.

Ни - ко - гда та - ко - го сча - стья

И.

не ис - пы - та - ла я...

mf

stringendo

Но ты о - шиб - ся, нет,

p cre - - scen -

нет, нет!

- - - *do* *f*

Tempo I

f

Что - бы бо - га сла - вить веч - но,

[Чтоб по - знать кра - су все - лен - ной]

p non legato

400

ры - царь, мне не ну - жен свет:

И.

бла - гость бо - жья бес - ко - неч - на,
[жизнь при - ро - ды не - из - мен - на,

ей ни - где пре - де - лов нет!
ес - ли мир и в мрак о - дет]

f

В жар - ком дне, в бла - го - у - ха - ньях,
[в ноч - ном ды - ха - нье,]

sfp

в зву - ках и во мне са - мой,
[пе - сен по ут - рам

от - ра-жён во всех создань-ях бог не-зри - мый и бла-гой!
и в цветов бла-го-у-ха-нье кра-со-та от-крыта нам!]
f
ff
mf
un poco animando
Мож - ноль видеть ще-бе-та-нье птич - ки в ро - зо-вом ку-сте,
p
mf
410
riten.
и - ли слад-ко-е журча-нье бы-строй реч - ки на пе-ске?
cresc.

7

Tempo I
И.
Мож - ноль ви - деть в не - бе гро - ма ро - ко - та - нье,
[ро - кот даль - ний,]
Водемсн
В.
Да! пра - вда, пра - вда! Бла - гость бо - жья бес - ко - неч - на,
[Жизнь при - ро - ды не - из - мен - на,
Tempo I
mf
f
mf
И.
и - ли тре - ли со - ло - вья, иль цветка бла - го - у - ха - нье,
[ко - ло - коль - ный звук хрусталь - ный,]
В.
ей ни - где пре - де - лов нет! То пра - вда!
ес - ли мир и в мрак о - дет!]
mf
f
ff
mf
И.
го - лос твой, тво - и сло - ва? Нет, чтоб бо - га сла - вить веч - но, ры -
[знать кра - су все - лен - ной]
В.
То пра - вда!
f
ff
mf

7
Animando
царь, мне не ну - жен свет!..
О, ты пра - ва, в тво - ей гру - ди
Animando
pp
f
си - я - ет пра - вды све - точ,
sempre pp
420
Иоланта
Но что - бы стать как ты, хо - те -
и пе - ред ним наш свет зем - ной

И.
В.
_лаб я у_знать свет солн _ ца.
и пре_хо_дящ, и жа _ лок.
Allegro non tanto (♩=120)
Э _ тот пер_венец тво _ ре _ нья,
[Яб хо_те_ла ви_деть солн _ це,
Ве
,мож_но чтить твор_ца
и
не зна _ я бла_га
[Да
не ну_жен свет,
чтоб
по_знать кра_су все_
f
Moderato (♩=100)
ff
пер _ вый ми_ру дар твор _ ца,
сла _ вы божьей про_я _
ви
деть яркий свет днев _ ной;
чуд _ ный дар при_ро_ды
све _ та!
Бла _ гость божья без кон _ ца!
_лен _ ной!
Жизнь при_ро_ды не_из _ мен _ на,
mf

И.
-вле - нье, луч - ший перл е - го вен -
-веч - ный, дар бес - цен - ный и свя -

В.
Ей ни - где пре - де - лов нет!
ес - ли мир и в мрак о - дет,

430 stringendo

Allegro (♩= 126)

И.
-ца! луч - ший перл е -
-той, дар бес - цен - ный,

В.
Ей пре - де - лов нет, пре -
ес - ли мир и в мрак о -

stringendo

Allegro (♩= 126)

f

И.
-го вен -
дар свя -

В.
-де - лов
-дет, о -

più f

f dim.

Ped.

Ped.

fff
И.
- ца!
- той!]
fff
В.
нет!
- дет!]
p
cresc.
ff
marcatissimo
440

№8. Сцена

Allegro vivo (♩=152)
Иоланта
Бригитта
(за сценой)
Ио -
Лаура
(за сценой)
Ио - лан - та!
Марта
(за сценой)
Ио - лан - та!
Водемон
Альмерик
Эбн-Хакиа
Бертран
Король
Сопрано
Хор прислужниц
Альты
Allegro vivo (♩=152)
И.
(прислушиваясь)
Меня зовут подруги,
Бр.
- лан - та!

И.
Мар - та; о - ни у - ди - вле - ны, что я про -
Бр.
Ио - лан - та, где ты?
Л.
Ио - лан - та, где ты?
М.
Ио - лан - та, где ты?
Ио - лан - та, где ты?
И.
- сну - лась... то го - лос мо - е - го от -
Бр.
Ио - лан - та!
Л.
Ио - лан - та!
М.
Ио - лан - та!
Король (за сценой)
Где дочь мо - я?

10
-ца! Он здесь! е-го у-зна-ешь ты!
(Вбегают Марта, Бригитта, Лаура)
Тво-
Тво-
Тво-
Ио-лан-та!
(Прислужницы вбегают
Где ты?
p cre-scen-do
(Иолапта идёт навстречу к королю и обнимает его)
-рец! с не-ю не-зна-ко-мый ры-царь!
-рец! с не-ю не-зна-ко-мый ры-царь!
-рец! с не-ю не-зна-ко-мый ры-царь!
на сцену)
Творец! с не-ю ры-царь не-зна-ко-мый!
mf cre-scen-do f

8

Иоланта
Король
(входя)
Где дочь мо - я?
О, ба - тюш - ка!
К.
Дочь ми - ла - я! Ты не од - на...
(Входят Эби-Хакиа, Вертран и Альмерик)
Что э - то?
(к Водемону)
Как ты во - шёл сю - да и кто ты, дерз - кий?!
20
Poco meno (♩ = 126)
Водемон
Бур - гунд - ский ры - царь. Я слу - чай - но за - шёл, блужда - я по го -

Иоланта
dolce
-рам Во-гез-ским.
О
Король
Ты с не-ю ни о чём не го-во-рил?
f
p
Moderato (♩= 92)
30
да, о-тец, он мно-го-е от-крыл мне, че-го не зна-ла пре-жде ни-ко-
-гда я. Е-го сло-ва зву-ча-ли так от-рад-но, ко-гда он объ-яс-нял, что
p
p

8
cresc.
И.
зна-чит свет и так жа-лел ме-ня, что зре-нья ли-шё-на-я.
Бригитта
Тво-рец!
Лаура
Тво-рец!
Марта
Тво-рец!
Водемон
Тво-рец!
Альмерик
Тво-рец!
Эбн-Хакиа
Тво-рец!
Бертран
Тво-рец!
Король
Тво-рец!
Тво-рец!
Тво-рец!
p
cresc.
f
pesante
40
К.
Не-счастный, что ты сде-лал! Бо-же, за что по-слал ты э-то на-ка-
più f
ff
p

Эбн-Хакиа (подходит к королю)
riten.
Не на-ка-за-нье, а спа-се-нье до-че-ри тво-ей.
(С этого момента сцена начинает темнеть, вдали горы принимают окраску вечерней зари. Король, закрыв лицо руками, спускается на скамью)
-за-нье!
riten.
Moderato assai (♩= 84)
Иоланта
Он го-во-рил мне о си-я-ньи,
Марта
Как смел на-
Альмерик
Как
espressivo
Э.-Х.
Ты, о-сле-плён-ный мыс-лью лож-ной, хо-тел е-ё не-сча-стье скрыть,
Бертран
Дер-зост-ный бе-зу-мец!
Moderato assai (♩= 84)
50

И.
cresc.
о бле.ске сол.неч.но.го дня, в нем бы.ло столько со.стра.
mf
Бригитта
Лаура
p cresc.
Как смел на.ру.шить при.ка.за.
М.
.ру.шить при.ка.за.нье, бе.зу.мец
mf
Водемон
f
Что
А.
cresc.
смел на.ру.шить при.ка.за.нье, бе.зу.мец дерз.кий?
Э.-Х.
но ви.дишь: бы.ло не.воз.мож.но по.ня.тье све.та у.та.
Б.
cresc.
как смел на.ру.шить ты за.
mf

-да - нья!
Он от-
Как смел на - ру - шить он за - прет?
Он при-
-нье, бе - зу - мец дерз-кий?
Он при-
дерз-кий?
Ты при-
сде - лал я мо-им при - зна-ньем, к че - му при - вел мой пыл ре-чей!
Вме - сто
Ты с со-бой сю - да внёс го - ре!
Ты по-сту-пок
-нить.
То бы-ло за-блу-жденье, верь мне,
-прет? по - гиб - нешь ты!
Ты го-ло-
cantabile
dim.
p
mf
p
mf

8
60
Poco più Allegro
И.
-крыл мне пра - вду!
Вр.
-нёс нам го - ре!
Л.
-нёс нам го - ре!
М.
-нёс нам го - ре! Ис - ку - пишь сво -
Б.
-сча - стья, го - ре, ис - пы - та - нье при -
А.
свой ис - ку - пишь смер - тью!
Э.-Х.
пра - вду скрыть нель - зя на - ве - ки, со - зна - нье в ней те - перь про - сну - лось,
Б.
-вой сво - ей ис - ку - пишь дер - зость.
Poco più Allegro
espress.

animando
С ним бы - ло серд-цу так от-рад-но!
Он бе - зу - мец!
О, бе - зу - мец дерз-кий!
-ей го-ло-вой у - жас - ный про -
-нёс кра - са-ви-це мо - ей! Что
Сколь - ко го - ря, сколь - ко бед - ствий ты
от-кры - лась ис - ти-на у - му!
Сколь - ко го - ря, сколь - ко бед - ствий
animando

70
И.
В е-го ре-чах зву-ча-ла ла-ска, неж-ность, со-стра-
Бр.
Да, бе-зу-мец! Он нам при-
Л.
Он нам при-
М.
-сту-пок твой! Ты при-нёс не-ждан-но
В.
сде-лал я, о, бо-же, бо-
[о, го-ре, го-
А.
нам при-нёс! О, бо-же,
[Ты го-ре,
Э.-Х.
Пи-тай на-де-жду,
В.
ты при-нёс! О, бо-же, о,
[О, го-ре, о,
mp
espress.

да - - нье и с на - сла - жде - ньем я е - му вни - ма - ла!

нёс не - ждан - но го - ре! Бе - зу - мец

нёс не - ждан - но го - ре! Бе - зу - мец

го - ре нам! Бо - же мой!
[Го - ре нам!]

же мой, по - ща - ди!
ре, что сде - лал я!]

бо - же, по - ща - ди!
го - ре нам при - нёс!]

что в ней же - ла - нье про - бу - дит свет!

бо - же, по - ща - ди!
го - ре, го - ре нам!]

Бо - же наш, со - хра -
[Го - ре нам, сколько

riten.
80
И.
Он про - све -
Вр.
дерз - кий!
Бо - же, по - ща -
[Го - ре, сколь - ко
Л.
дерз - кий!
Бо - же, по - ща - ди
[Го - ре ты при - нес
М.
ff
Бо - же мой! Ты по - ща - ди от
[Го - ре нам! Го - ре с со - бо - ю
В.
ff
Е - ё от бед - ствий со - хра - ни,
[При - нёс с со - бо - ю го - ре - я,
А.
ff
Спа - си е - ё от бед - ствий, бо -
[Бе - зу - мец дерз - кий, дерз - кий! Го -
Э.-Х.
ff
Те - перь воз - мож - но, что же - ла - нье
В.
ff
Спа - си е - ё от бед - ствий, о, бо -
[Бе - зу - мец дерз - кий! Го - ре при - нес
- ни от бед - ствий нас! По - ща -
зла при - нёс ты нам! Сколь - ко
riten.
cresc
f

Moderato assai (♩.= 84)
-тить хо-тел ме - ня!
-ди от бед-ствий нас!
зла при-нёс ты нам!]
ты нас!
всем нам!]
бед - ствий нас!
ты при - нёс!]
бо - же мой!
го - ре всем!]
-же мой!
-ре нам!]
даст ей свет!
-же мой!
ты нам!]
Король
Го - луб-ка Ио-лан - та, дочь мо-я, по -
-ди и спа - си!
го - ря при - нёс!]
Moderato assai (♩.= 84)
mf

К.
-слу - шай, я при-вёл вра - ча с со-бой. Он в си-лах воз-вра-
[мо-жет]
mf p p
К.
-тить те-бя ко све - ту; ска - жи мне: хо-чешь ли ты ви - деть?
90
Andante (♩= 100)
Иоланта
Мо-гу ль я пла-мен-но же-лать то - го, что смут-но толь-ко по-ни-ма - ю?
p

animando
Но ес_ли хо_чет мой о_тец, е_го по_слу_ша_юсь по_кор_но...
pp
Эби-Хакиа (тихо королю)
Я те_ря_ю на_де_жду ис_це_ле_нья; вот пло_ды тво_ей си_сте_мы:
pp
p
Король (тихо
Э.Х.
в ней же_ла_нья нет дар зре_нья по_лу_чить и ви_деть свет. По_
[чтоб]
cresc.
mp

Allegro moderato (♩= 116)
врачу)
К.
-стой! Те-перь я ви-жу: прав был ты! Е-щё жи-ва на-
[Но есть е-щё]
f p
100
(громко)
-де-жда на спа-се-нье, го-сподь вну-шил мне мысль. На-чни ле-
[сей-час при-шла]
cre - scen -
-че-нье, ве-ли-кий врач! Го-сподь те-бе по -
[У-ве-рен я в у -
-do
f mp
6 7

(к Водемону)
-мо-жет.
-спе-хе.]
А ты, ви-нов-ник го - ря,
cresc.
от-ве-чай! Вхо-дя сю-да, про-чёл ты э-ту над-пись?
Водемон
Про-чёл.
110 Король
И не-смо-тря на то,
Водемон
ре-шил-ся про-ник-нуть в сад?
Как ви-дишь, да, ре-

Король

В. -шил-ся... Ты по - мнишь: над-пись о-су-жда - ет

mf

К. к смер-ти, про-ник-нув-ших сю-да без по-зво-

f *mf*

Водемон

К. -ле-нья? Я по - мню... да!..

f *mf* *f*

Король

120

И-так: ко-гда ле - че-нье над не-ю не по - мо-жет, ты ум-

[Ио-лан-те]

f

ff *p* *sf* *p*

Иоланта
О, бо - же мой! не-счаст-ный, бед-ный ры - царь! О-
Бригитта [Не мо - жет быть!]
О, бо - же мой! не-счаст-ный, бед-ный ры - царь!
Лаура [Не мо - жет быть!]
О, бо - же мой! не-счаст-ный, бед-ный ры - царь!
Марта [Не мо - жет быть!]
О, бо - же мой! не-счаст-ный, бед-ный ры - царь!
Альмерик [Не мо - жет быть!]
О, бо - же мой! не-счаст-ный, бед-ный ры - царь!
[Не мо - жет быть!]
Эбн-Хакиа
Что за-те - ва - ет он?
Бертран
О, бо - же мой! не-счаст-ный, бед-ный ры - царь!
[Не мо - жет быть!]
К.
-рёшь!
О, бо - же мой! не-счаст-ный, бед-ный ры - царь!
[Не мо - жет быть!]

И.
-тец, по-стой, я так ли по-ня-ла? не-уж ли он по-
[у - же - ли]
p
espress.
130
Король
И.
-гиб - нуть дол-жен? Да, он дол-жен быть каз-нён.
mp
Иоланта
Не мо-жет быть, нет, я не ве - рю! О-тец, ты ми-ло-
mf

Poco meno (♩= 100)
Король
-серд, ведь ты не мо-жешь быть так бес-че-ло-ве - чен! Он ум-рёт, ко-гда те-
mf
f
Moderato assai (♩= 88)
140
Бригитта
Бед-няж - ка Ио-лан -
Лаура
Бед-няж - ка Ио-лан - та,
Марта
О, бед - ный ан - гел
Альмерик
Бед-няж - ка!
Бертран
Бед-няж - ка!
К.
-бе ле-че - нье не по - мо-жет.
Moderato assai (♩= 88)
p

8
Вр.
-та, как стра - да - ет! О, сжаль - ся, го - су-
Л.
о, как о - на стра - да - ет, ан - гел чи - стый! О, сжаль - ся над
М.
мой, как о - на стра - да - ет! О, го - су-
А.
бед - няж - ка!
Б.
свет - лый наш ан - гел! О, го - су-
Бед - няж - ка! бед-
poco cresc.

-дарь! сжаль - ся над ней, сжаль - ся!
не - ю! сжаль - ся над ней, сжаль - ся!
-дарь, сжаль - ся над до - че-рью тво - ей, сжаль - ся!
О, сжаль - ся, го - су - дарь, над не - ю! сжаль - ся!
-дарь, сжаль - ся над ней! О, сжаль - ся ты над
-няж - ка! О, го - су - дарь! сжаль - ся ты над ней!

Эбн-Хакиа (Королю)
Те-бя я по-нял и те-перь спа-се-ни-е воз-мож-но...
Б.
ней!
Сжаль-ся, го-су-дарь, над ней!
dim.
mp
Andante (♩= 69)
Король
Нет, он ум-рёт, моль-бы на-прас-ны! Врач! где ты? Ска-жи ско-
150
Иоланта
marcato
molto riten.
Adagio (♩= 56)
И.
-рей, что пре-тер-петь долж-на я? пе-ре-нес-ти стра-да-нья?..
mf

Эбн-Хакиа
Иоланта
О, нет! долж-на ты толь-ко пла-мен-но же-лать у-ви-деть свет. Нет,
p
f
Allegro agitato (♩= 126)
(горячо, выразительно)
160
на-зо-ви му-че-нья, стра-да-нья, боль:
p
poco cresc.
mf
И.
о, чтоб е-го спа-сти, без-ро-пот-но мо-гу я
dim.
p
170
И.
всё сне-сти. Он до-рог мне, он
p
poco cresc.

И.
пер - вый мне от - крыл ду - хов - ный
[что зна_ _чит]
mf
И.
свет и серд - це мне со -
180
И.
-грел. Те-перь я ве - рю, зна - ю,
f
Р.
что свет есть

Adagio con moto
ff
И.
чуд - ный пер - ве-нец тво - ре - нья,
[дар при-ро - ды веч - ный,
pp
И.
пер - вый ми - ру дар твор - ца,
дар бес - цен - ный и свя - той,
poco cresc.
190
И.
сла - вы бо - жьей про - я - вле - нье,
в нём ис - точ - ник бес - ко - неч - ный
p
poco cresc.
И.
луч - ший перл е - го вен - ца!
на - сла - жде - нья кра - со - той!]
mf
f
pp
7
7

Водемон (падая на колени)
ff
Ан - гел свет - лый! о, свя - та - я,
[до - ро - га - я,]
В.
пред то - бой скло - ня - юсь я!
cresc.
ff
Бу - дешь ви - деть, иль сле - па - я —
mf
f
p
ff
ты те - перь на - век мо - я!
mf
f
p

Molto più mosso (♩= 108)

В. Я клянусь, как рыцарь, честью лишь тебе принадлежать...

p

cresc.

В. Казнь ли должен перенесть я, за тебя ли смерть принять!

3

f

200 **Adagio** (♩= 76)

Иоланта

Нет, рыцарь, нет! жизнь так прекрасна,

dolce, molto cantabile

p

poco cresc.

И.
на - до жить,
жи - ви!..
Я бу - ду ви - деть...
да!
mf
И.
Дай ру - ку мне...
те - перь
по - зволь мне до ли -
dolce
p
poco cresc.
(трогает его лицо)
И.
- ца кос - нуть - ся...
Вот так!
mp
mf

Врач, на-чи-най ле-че-нье, теперь я всё сне-су. О-тец,
mp espress
mf vibrato
cresc.

210
при-жми ме-ня к гру-ди!.. На-
f
dim

-дей-ся! Я бу-ду ви-деть и он бу-дет
p
vibrato

8

(Иоланта медленно уходит, сопровождаемая врачом, женщинами и Бертраном. Альмерик уходит в потайную дверь)

Король
(глядя ей вслед)
Те-перь я ве-рю сам в тво-ё спа-се-нье, го-луб-ка, ан-гел мой!
p marcato
m.d.
Animando
espress.
Как аг-нец бо-жий о-на и-дёт на пыт-ку. Бо-
[О, как по-кор-но] [му-ки.]
p
cresc.
f
220
(в молчаливой молитве склоняет голову)
-же мой!
Più mosso (♩= 112)
f
dim.
pp

9

№9. ФИНАЛ

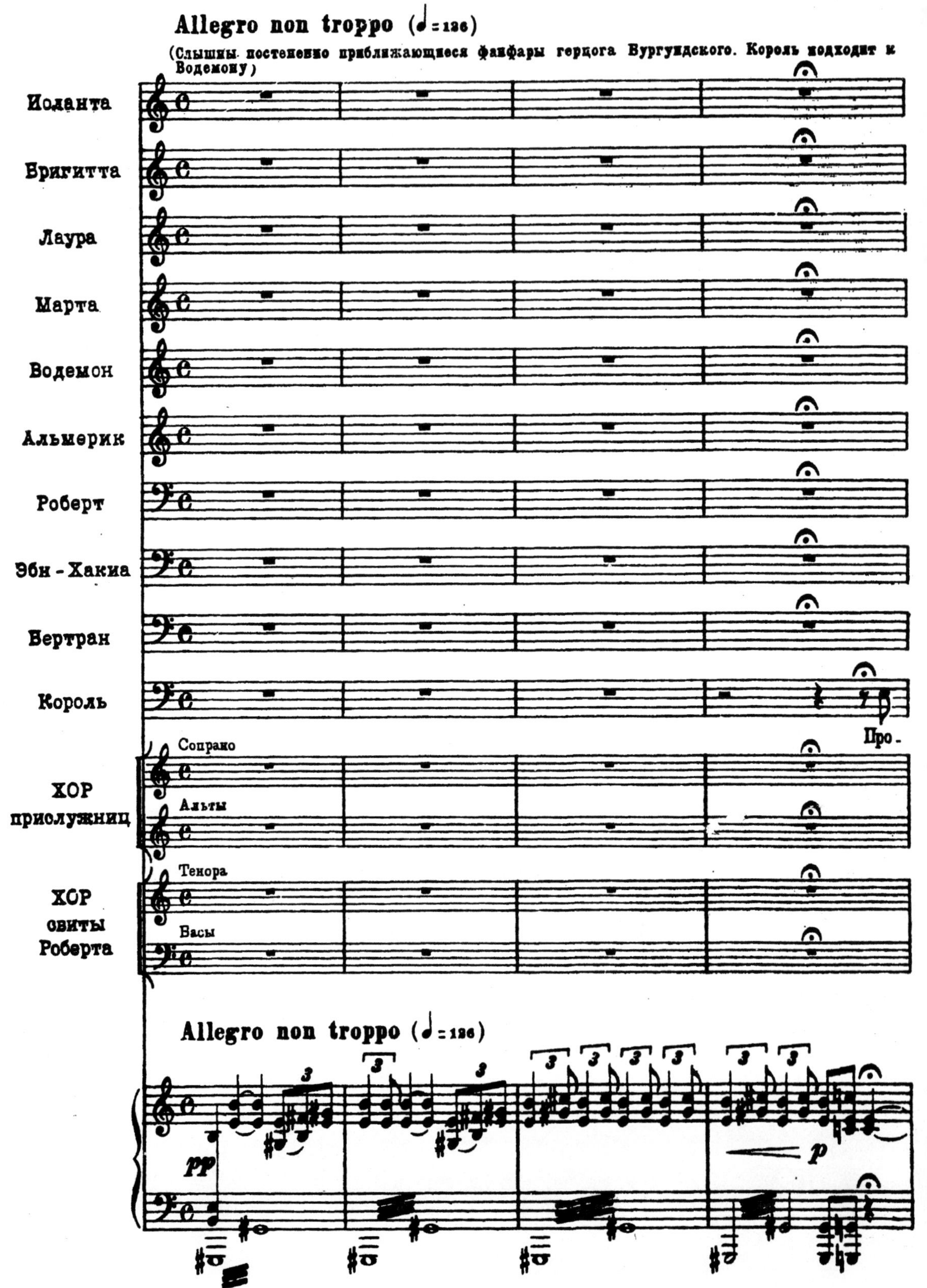
Allegro non troppo (♩ = 126)
(Слышны постепенно приближающиеся фанфары герцога Бургундского. Король подходит к Водемону)
Иоланта
Бригитта
Лаура
Марта
Водемон
Альмерик
Роберт
Эбн-Хакиа
Бертран
Король
Про-
Сопрано
Альты
ХОР прислужниц
Тенора
Басы
ХОР свиты Роберта
Allegro non troppo (♩ = 126)
pp
p

Poco meno
.оти ме.ня, я об.ма.нул те.бя, чтоб в до - че.ри мо.ей же.ла.нье
riten.
Tempo I
10
зре.нья про.сну.лось.
[ви.деть]
Ты был к смер.ти о.су.жден,–
Allegro moderato
Водемон
те.перь сво.бо.ден ты.
Ты вла.стен был ме.ня каз.нить за мой про.сту.пок дерзкий.
Король
Но кто ты, чтоб так власт.но ре.шать судь.бу лю.дей? Мне ка

Водемон
К.
-жет-ся,что я мо-гу те-бя ско-рей спро-сить об э-том. Я
p
ff
f
20
В.
Гот-фрид Во-де-мон, граф Ис-со-дю-на, Шам-па-ни-и,Клер-во и Мон-тар-
Poco meno (♩=108)
riten.
-жи, друг гер-цо-га Бур-гун-ди-и,Ро-бер-та. И
mf
Sostenuto (♩=100)
как бы ни был ты бо-гат и зна-тен, ты не у-ни-зишь зва-
mf
cresc.

30
В.
-нья сво - е - го, коль со-гла-сишь-ся дать мне дочь в су-
ff
mf p
Allegro moderato (♩ = 126)
Король
В.
-пру-ги. Нет, нет, ры-царь! Хоть со - юз с то-бой мне ле-стен,
f
mf
p
К.
я дол-жен от - ка - зать те - бе: е - щё ре - бен-ком дру-го - му дочь
[с дру-гим уж]
p
Водемон
40
К.
об-ру-че-на. Но я пра-ва е - го мо - гу о - спо-рить...
p
pp

Король
Водемон
Нет, пе-ред ним по-кор-но ты скло-нишь-ся. Но
[скло-нишь-ся ты.]
(Входит Альмерик)
В.
кто же он?
Король
По-стой, я слы-шу шум... что зна-чит он?
pp
(к Альмерику)
Альмерик
К.
Кто там? Про-сти-те, го-су-дарь! я до-жи-
f
А.
-дал-ся за две-рью вас со сви-той и у-ви-дел тол-
poco
a

50
А.
-пу лю-дей во-о-ру-жён-ных, сме-ло сю-
poco cresc.
Водемон
f
Король
f
А.
-да и-ду-щих! Э-то друг мой, гер-цог Бур-гунд-ский. Аль-ме-
(к Водемону)
riten. molto
К.
-рик, впу-сти не-медля их! Ты сей-час у-зна-ешь, кто со-пер-ник твой.
m.g.
f cresc.
più f
ff

Moderato (♩= 100)
(Альмерик отворяет дверь. Входит Роберт со свитой оруженосцев)
Роберт
60
f
Гот - фрид, я вы - ру -
f pesante
mf
(увидя Короля, преклоняет колено)
Р.
- чать те - бя я - вил - ся. Что ви - жу? Ко - роль Ре - не!..
sfp
p
Водемон
f
Ре - не?.. Ко - роль Про - ван - са?..
Moderato assai (♩= 80)
Король
Да, мой храб - рый ры - царь, -
cresc.
ff
fp
ad libitum
те - перь по - нят - но всё: ты И - о - лан - ту, не - вес - ту гер - цо - га Ро - бер - та лю - бишь...
mf
p

70
Tempo I (♩= 80)
Водемон (с чувством)
Ро - берт, мой гер - цог, друг! Ведь
ты хо - тел при - знать - ся ко - ро - лю во всём.
Роберт
(смущённно)
Не вре - мя и не
ме - сто... Те - перь, иль ни - ко - гда! Ро - берт, тво - ё при -
Водемон
con dolcezza, teneroso
- зна - нье даст мне жизнь, я Ио - лан - ту по - лю - бил до смер - ти
[всем серд - цем]
dolce cantabile
80

В.
и нет мне сча - стья без не - ё на све-те...
Ро - берт, мо-
poco cresc.
mf
Ped. *
В.
-лю те-бя!
Adagio (♪= 108)
Роберт (к королю)
Го-су-дарь!
я здесь, чтоб о-бе-ща-ни-е сво-ё ис-
mp
f
mp
Poco più (♪= 126)
90
Р
-пол-нить. Но с Ио-лан-той об-ру-чён я был ре-бён-ком,
ff
p
Ped.

воз.му.жав, я по.любил гра.фи.ню Ло.та.рин.ги.и, Ма.
p
cresc.
.тиль.ду. Те.перь мо.я судь.ба у вас в ру.ках: ве.
f
mf
f
riten.
100
Più adagio (♪ = 108)
.ли.те,- и пред ал.та.рем сей.час же дочь ва.шу я су.пру.
mf
f
.гой на.зо.ву, но серд.цем бу.ду ве.рен я Ма.тиль
ff
ff
ff

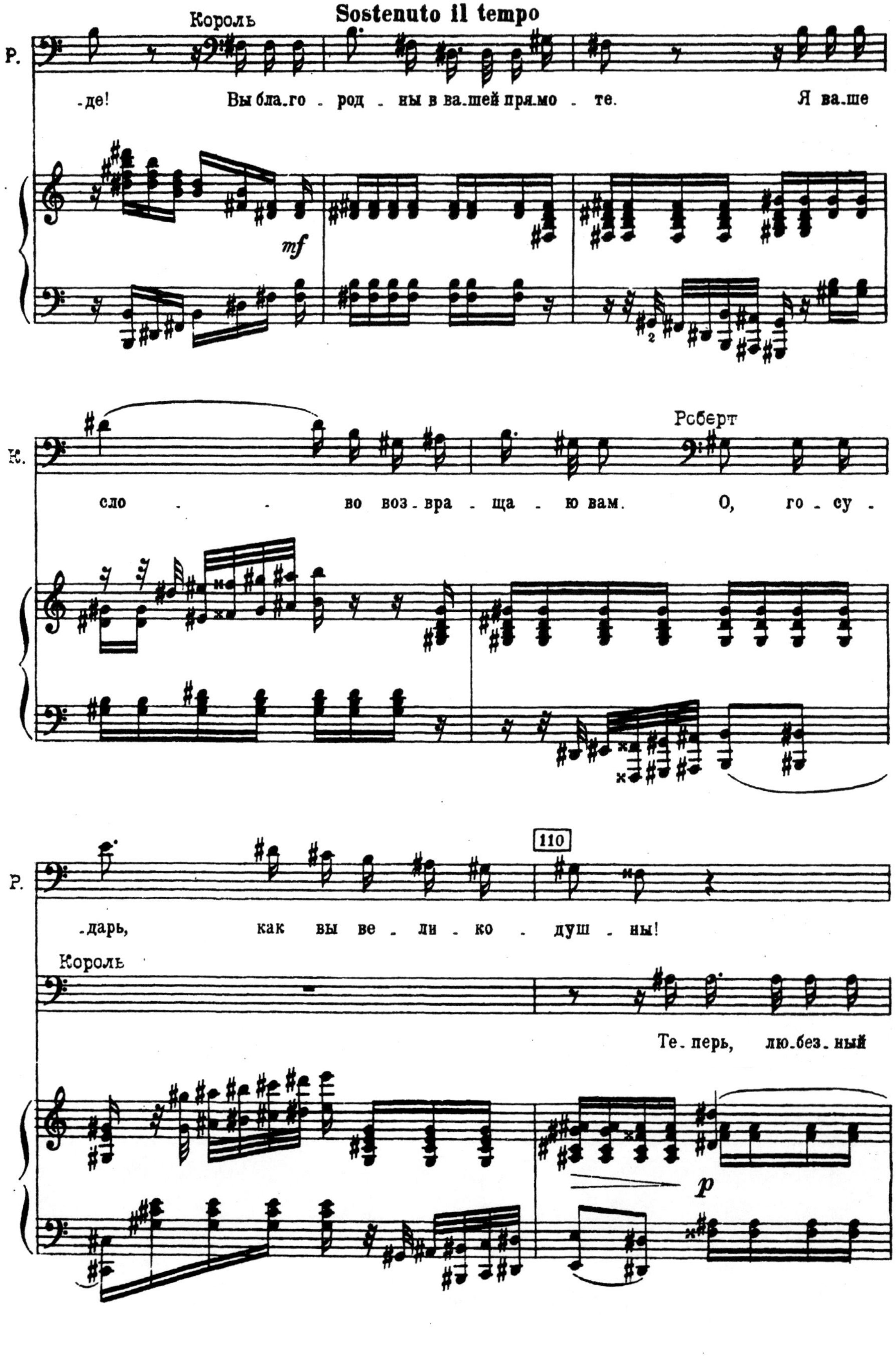
Sostenuto il tempo
Р.
Король
-де! Вы бла-го - род - ны в ва-шей пря-мо - те. Я ва-ше
mf
К.
Роберт
сло - - во воз-вра - ща - ю вам. О, го - су -
Р.
110
-дарь, как вы ве - ли - ко - душ - ны!
Король
Те-перь, лю-без-ный
p

граф, со-гла-сен я от-дать вам И-о-лан-ту, ес-ли
cresc.
Водемон
О, мой го-су-
зре-нье к ней воз-вра-тит-ся.
cresc.
f
Poco più sostenuto (♪ = 92)
-дарь, я ва-шу дочь лю-блю та-кой, как есть, и быть о-по-рой ей же-ла-ю
sf p

9

un poco animando

В. в го - ре и в сча - сти - и, - у - ви - дит свет о - на, иль не у - ви - дит: я

cre - - scen - do

a tempo (♪= 92)

120

(♪=♪)

В. жизнь мо - ю ей от - да - ю! О -

Король

f

О - на тво - я, сын ми - лый!
[мой ры - царь']

a tempo (♪= 92)

(♪=♪)

f *p*

cre -

poco animando

В. - тец мой доб - рый!

Роберт

Не - у - же - ли Ио - лан - та сле -
[У - же - ли И - о - лан - та]

poco animando

- scen - - do

9
a tempo (♪= 92)
-па?
Король
Е - ё судь-ба в ру-ках вра - ча те-перь! Ско-
(входит Бертран)
a tempo (♪= 92)
Бертран
Свер-ши - лось!
-рей, Бертран, ска-жи, ну что ле - че - нье?
Водемон
Бо - же мой! Ио-лан-та ви - дит!
[Пра - вда ли?]
Роберт
Бо - же! Ио-лан-та ви-дит!
[Пра - вда?]
Бертран
Бо - же мой! Ио-лан-та ви - дит!
[Пра - вда ли?]
Не

Lo stesso movimento (♪ = 92)

9
130

Recit. *ad libitum*

Б.

зна - ю, я не мог о - статься дольше: а камень бы рас - та - ял весь в слезах при э - том ви - де...

mp

Б.

Как о - веч - ка смир - но [крот - ко] и твёр - до как ска - ла о - на си - де - ла, [дер - жа - лась,] го - луб - ка на - ша,

colla parte

sf *p* *mf*

Водемон

a tempo

mf

Го - сподь, будь ми - ло - стив над на - ми!
[Го - луб - ка на - ша И - о - лан - та!]

Альмерик

mf

Го - сподь, будь ми - ло - стив над на - ми!
[Го - луб - ка на - ша И - о - лан - та!]

Роберт

mf

Го - сподь, будь ми - ло - стив над на - ми!
[Го - луб - ка на - ша И - о - лан - та!]

riten.

(плачет)

Б.

ти - хо повто - ря - я: „О, рыцарь мой, жи - ви!“

Корсль

mf

Го - сподь, будь ми - ло - стив над на - ми!
[Го - луб - ка на - ша И - о - лан - та!]

riten.

a tempo

mp *p*

Moderato assai (♩=♪=92)
Бригитта (за сценой) ff
Иоланта ви - дит!
(вбегая)
Иоланта ви - дит свет! О,
Лаура (за сценой) ff
Иоланта ви - дит!
(вбегая)
Иоланта ви - дит свет! О,
Марта (за сценой) ff
Иоланта ви - дит!
(вбегая)
Иоланта ви - дит свет! О,
С. ff О,
А. ff О,
Т. ff О,
Б. ff О,
Хор приолужниц
(вбегая) ff
Иоланта ви - дит свет! О,
Хор свиты Роберта ff О,
Moderato assai (♩=♪=92)
cresc.
Ped.

9

Вр.
сча - стье, о, ра - дость, Ио - лан - та ви - дит свет!
Л.
сча - стье, о, ра - дость, Ио - лан - та ви - дит свет!
М.
сча - стье, о, ра - дость, Ио - лан - та ви - дит свет!
В.
сча - стье, о, ра - дость, Ио - лан - та ви - дит свет!
А.
сча - стье, о, ра - дость, Ио - лан - та ви - дит свет!
Р.
сча - стье, о, ра - дость, Ио - лан - та ви - дит свет!
Б.
сча - стье, о, ра - дость, Ио - лан - та ви - дит свет!
сча - стье, о, ра - дость, Ио - лан - та ви - дит свет!
сча - стье, о, ра - дость, Ио - лан - та ви - дит свет!
f

(Эбн-Хакиа вводит Иоланту и делает знак, чтобы все отступили в глубину сцены. Почти ночь; только дальние вершины гор чуть освещены отблеском вечерней зари. Звёзды. Иоланта в повязке.)

Иоланта
Где я?
Un pochettino meno (♩ = 80)
p dolcissimo
un poco marcato il canto
И.
Ку_да ве_дёшь ме_ня ты, врач! О, дай у_
И.
_ви _деть сно_ва чуд _ный свет, ко_то_рый вдруг блес_нул
150

9
(Эбн-Хакиа снимает повязку)
poco accelerando
И.
пе - ре - до мно - ю!
Tempo I (♩ = 92)
f
Вот он! О-
espress.
pp
cresc.
f
Ped.
-пять, о-пять! О, блеск не-вы-но-си-мый!
pp un poco marcato il canto
trem.

Stringendo
Эбн-Хакиа
И.
Что э - то?
Твой сад,
8
un poco cresc.
160
Э.-Х.
тво - и де - ре - вья,
тво - и цве - ты!..
8
p cresc.
mp
Più mosso (𝅗𝅥 = 112)
Иоланта
f
Нет! нет! Я их не зна - ю!..
mf
p

Я ни_ко_гда здесь не бы_ла!
мне страш_но!..
p
mf
Врач!
где ты?
Страш_но!
ff
ff
p
ме_ня тес_нят кру_гом...
вот что-то па_да_ет...
più f

170
И.
как буд - то всё об - ру- шить-ся го - то - во...
И.
я по- ги - ба - ю!..
Врач! спа-си ме-ня!
mf
f
Come prima (𝅗𝅥 = 92)
Эбн-Хакиа
Смо - три на - верх,
riten.
f
pp

те-бя не ис-пу-га-ет не-бо!
Иоланта (поднимая глаза к небу)
О, как чуд-но! Как свет-ло!
poco cresc.
180
Что э-то? Бог? дух бо-жий?
[Сон? иль грё-за?]
mf

Эбн-Хакиа
Иоланта
Свет и не - бо. Не - бо, не - бо, не - бо?
И.
На не - бе бог?.. Я пред то -
[А в не - бе свет?.. О, как пре -
- бо - ю, бо - же!
- крас - но не - бо!]
riten.
Moderato assai (♩ = 72)
190
Иоланта (опускается на колени)
a piena voce
Бла - гой, ве - ли - кий, не - из -
О, ку - пол не - ба лу - че -

-мен - ный, во тьме яв - лял ты мне се -
- зар - ный, впер - вы - е ви - жу я те -
- бя! Дай мне те - перь, тво -
- бя!] [ду - шо - ю
poco cresc.
più f
- рец все - лен - ной, у - знать те - бя и в све - те
бла - го - дар - ной, вос - петь те - бя при све - те]
дня!
Эбн-Хакиа
Взгля - ни те - перь во - круг се - бя.
dim.
p molto espressivo e cantabile

200
И.
Э-Х.
Кто э - то? я не по - ни - ма - ю.
То лю - ди...
più f
Лю - ди, как и я?
Ты зна - ешь их.
p
Я их не зна - ю...
Король
Дочь! и ме - ня не зна - ешь?
cre - - scen - - do

(трогает лицо короля)
О, бо - же, бо - же мой! Кто э - то?
[Зна - ком мне го - лос твой!]
О - тец мой! тво - и у - зна - ла я чер -
pp ma cantabile
[mf — pp]
210
- ты, мо - лю те - бя, в но - вом ми - ре све - та
più f

animando un poco
И.
будь мне за - щи - той!
Король
Ан - гел мой! я стар, мо -
animando un poco
pp
un poco cresc.
К.
- и сла - бе - ют си - лы,
(подводя Водемона)
я вот те - бе за -
Più mosso (♩= 96)
Водемон
f
За - щит - ник вер - ный до мо - ги - лы!
К.
- щит - ник!
Più mosso (♩= 96)
mf espress.

poco a poco sempre stringendo
Иоланта
О, друг мой, тебя ль я слышу
вновь! ты дал мне свет, ты дал лю-
-бовь!
220
Водемон
И пу-те-вод-но-ю зве-здой тот свет мне бу-дет на-все-
p
pp
pp
cre - - scen - - do

9

Бригитта
Хва - ла твор - цу, по - да - те - лю всех
[Про - сла - вим свет, ис - точ - ник вся - ких]
Лаура
Хва - ла твор - цу, по - да - те - лю всех
[Про - сла - вим свет, ис - точ - ник вся - ких]
Марта
Хва - ла твор - цу, по - да - те - лю всех
[Про - сла - вим свет, ис - точ - ник вся - ких]
В.
- гда!
Альмерик
Хва - ла твор - цу, по - да - те - лю всех
[Про - сла - вим свет, ис - точ - ник вся - ких]
Роберт
Хва - ла твор - цу, по - да - те - лю всех
[Про - сла - вим свет, ис - точ - ник вся - ких]
Эбн-Хакия
Хва - ла твор - цу, по - да - те - лю всех
[Про - сла - вим свет, ис - точ - ник вся - ких]
Бертран
Хва - ла твор - цу, по - да - те - лю всех
[Про - сла - вим свет, ис - точ - ник вся - ких]
Король
Хва - ла твор - цу, по - да - те - лю всех
[Про - сла - вим свет, ис - точ - ник вся - ких]
Сопрано
Хва - ла твор - цу, по - да - те - лю всех
[Про - сла - вим свет, ис - точ - ник вся - ких]
Альты
Тенора
Хва - ла твор - цу, по - да - те - лю всех
[Про - сла - вим свет, ис - точ - ник вся - ких]
Басы
mf cresc.

Иоланта

Allegro (♩ = 132)

ff Un

При. [Ис -

ff

благ, хва - ла твор - цу!
[про - сла - вим свет!]

благ, хва - ла твор - цу!
[про - сла - вим свет!]

благ, хва - ла твор - цу!
[про - сла - вим свет!]

Хва - ла твор - цу!
[Про - сла - вим свет!]

благ, хва - ла твор - цу!
[про - сла - вим свет!]

благ, хва - ла твор - цу!
[про - сла - вим свет!]

благ, хва - ла твор - цу!
[про - сла - вим свет!]

благ, хва - ла твор - цу!
[про - сла - вим свет!]

благ, хва - ла твор - цу!
[про - сла - вим свет!]

благ, хва - ла твор - цу!
[про - сла - вим свет!]

благ, хва - ла твор - цу!
[про - сла - вим свет!]

f cresc.

Allegro (♩ = 132)

ff fff

Un

poco più mosso che prima (♩=88)
9
И.
ми хва_лу ра_бы сми_рен ной, мой
точ_ник жи зни и по_зна нья, те_
К.
При_ми хва_лу ра_
[Те_бе по_ем хва_
poco più mosso che prima (♩=88)
p
più f
230
И.
го_лос слаб и ро_бок взгляд!
пла не_сяк ну_щий род ник!]
Бригитта
Бо_же, при_ми хва_
[Яр_кий, пре_крас ный
Лаура
Бо_же, при_ми хва_
[Яр_кий, пре_крас ный
Марта
Бо_же, при_ми хва_
[Яр_кий, пре_крас ный
Водемон
При_ми, го_
[Те_бя про_
Альмерик
Бо_же, при_ми хва_
[Яр_кий, пре_крас ный
Роберт
При_ми хва_лу ра_
[Ис_точ_ник жи зни
Эбн-Хакиа
При_
[Ис_
Вертран
Бо_же, при_ми хва_
Яр_кий, пре_крас ный
К.
бов сми_рен_ных, бо_же мой!
лу, пре_крас_ный, яр_кий свет!]

Пе - ред то - бо - ю сонм бла - жен - ный
[Ты о - за - рил ме - ня си - а - ньем
- лу ра - бы сми - рен - - ной,
свет! те - бя про - сла - - вим,
- лу ра - бы сми - рен - ной,
свет! те - бя про - сла - вим,
- лу! Бо - же!
свет! Сла - ва!
- сподь, хва - - лу мо - ю!
- сла - вим, яр - кий свет!]
- лу! Чу - до свер - ши - лось!
свет! свет лу - че - зар - ный!]
- бов сми - рен - ных!
и по - зна - нья!]
- ми хва - лу ра - бов сми - рен - ных!
- точ - ник жи - зни и по - зна - нья!]
- лу ра - бов тво - их сми - рен - ных!
свет! те - бя про - сла - вим друж - но!]
Слез - - ной моль - бе мо - -
[Чу - - до над не - - ю
sempre p

И.
и херувимы предстоят!
и в мрак души моей проник!]
Бр.
ты ниспослал ей
ты озарил е-
Л.
ты ниспослал ей
ты озарил е-
М.
Ты ниспослал ей
Ты озарил е-
В.
Ты ниспослал ей
[Е-е ты оза-
А.
Ты ниспослал ей свет!
[Ты озарил е-е!]
Р.
Ты с неба милость ниспо-
[Ты в мрак души её про-
Э.-Х.
Ты с неба милость ниспо-
[Ты в мрак души её про-
Б.
Нашим мольбам ты
Ты озарил е-
К.
-ей ты внял, го-
ты свершил, хва-
mp

Но ты ве_лик и в сни - схо - жде - ньи,
[Ты све - тишь сла - бым и сми - рен - ным,
свет!
_ е!]
свет! Тво_ей люб_ви пре -
_ е!] [Тво_им лу_чам пре -
свет! Тво_ей люб_ви пре -
_ е!] [Тво_им лу_чам пре -
свет! Бо - же, тво_ей люб - ви пре -
_ рил! Жи - зни те_пла не - сяк - ну -
_ слал! Тво_ей люб_
_ ник!] [Те_пла не -
_ слал! Ты сво - ю ра -
_ ник!] [Ты ду - шев - ный
внял! Ты чу - до свер -
_ ё! Ты дал ей лю -
_ сподь! го - сподь! Сла - ва те_
_ ла! хва - ла!]
p

И.
тво - ей люб - ви пре - де - лов нет,
тво - им лу - чам пре - гра - ды нет,
Вр.
Тво - ей люб - ви пре - де - лов нет,
[Тво - им лу - чам пре - гра - ды нет,
Л.
- де - лов нет, тво - рец бла - гой!
- гра - ды нет, пре - гра - ды нет!
М.
- де - лов нет, тво - рец бла - гой!
- гра - ды нет, пре - гра - ды нет!
В.
- де - лов нет, пре - де - лов нет!
- щий род - ник, род - ник жи - вой!
А.
Внял мо - ли - твам ра - бов ты сми - рен - ных,
[Мрак ду - шев - ный е - ё о - за - рил ты,
Р.
- ви пре - де - лов нет! Ты
- сяк - ну - щий род - ник! Ты
Э-Х.
- бу из мра - ка тьмы из - влек, го - сподь все -
мрак ей зна - ньем о - за - рил, ис - точ - ник
Б.
- шил, о, со - зда - тель наш!
- бовь, лу - че - зар - ный свет,
К.
- бе! Ты сво - ю ра - бу из мра - ка
[Ты ду - шев - ный мрак ей зна - ньем

240
и в са - мом ма - лом из тво - ре - ний
и всё жи - во - е во все - лен - ной
и в са - мом ма - лом из тво - ре - ний
и всё жи - во - е во все - лен - ной
Ты, со - зда - тель, мо - лень - ям на - шим
Всё жи - во - е по - ёт и сла - вит
Ты мо - - ле - ньям на - шим
Всё жи - - во - е сла - вит
О, со - зда - тель! Хва - -
Сла - ва све - ту!]
ты дал ей свет, из тьмы из -
сла - ва те - бе, род - ник жи -
внял моль - бе, сла - ва те - бе во -
дал лю - любь, ты о - за - рил е -
- силь - ный, сла - - ва те - бе во -
жи - зни, ты о - за - рил е -
О, тво - - рец бла - -
ты ей дал лю - -
тьмы из - влек! О, со - зда - тель
о - за - рил, ты ей дал лю -
cresc.

9

И.
Бр.
Л.
М.
В.
А.
Р.
Э.-Х.
В
К.
бле - стишь, как в ка - пле солн - ца
по - ёт и сла - вит]
бле - стишь, как в ка - пле солн - ца
по - ёт и сла - вит]
внял! Хва - ла те - бе, го -
свет, по - ёт и сла - вит
внял! Хва - ла те - бе, го -
свет, по - ёт и сла - вит
- ла! Хва - ла те - бе, го -
[Про - сла - вим друж - но
- влек! Хва - ла те - бе, го -
- вой!] [Про - сла - вим друж - но
- век! Хва - ла те -
- е!] [Про - сл - вим
- век! Хва - ла те -
- е!] [Про - сла - вим
- гой! Хва - ла те -
- бовь!] [Про - сла - вим
наш! Хва - ла те -
- бовь!] [Про - сла - вим
При -
[Ис -
При -
[Ис -
mf cresc.

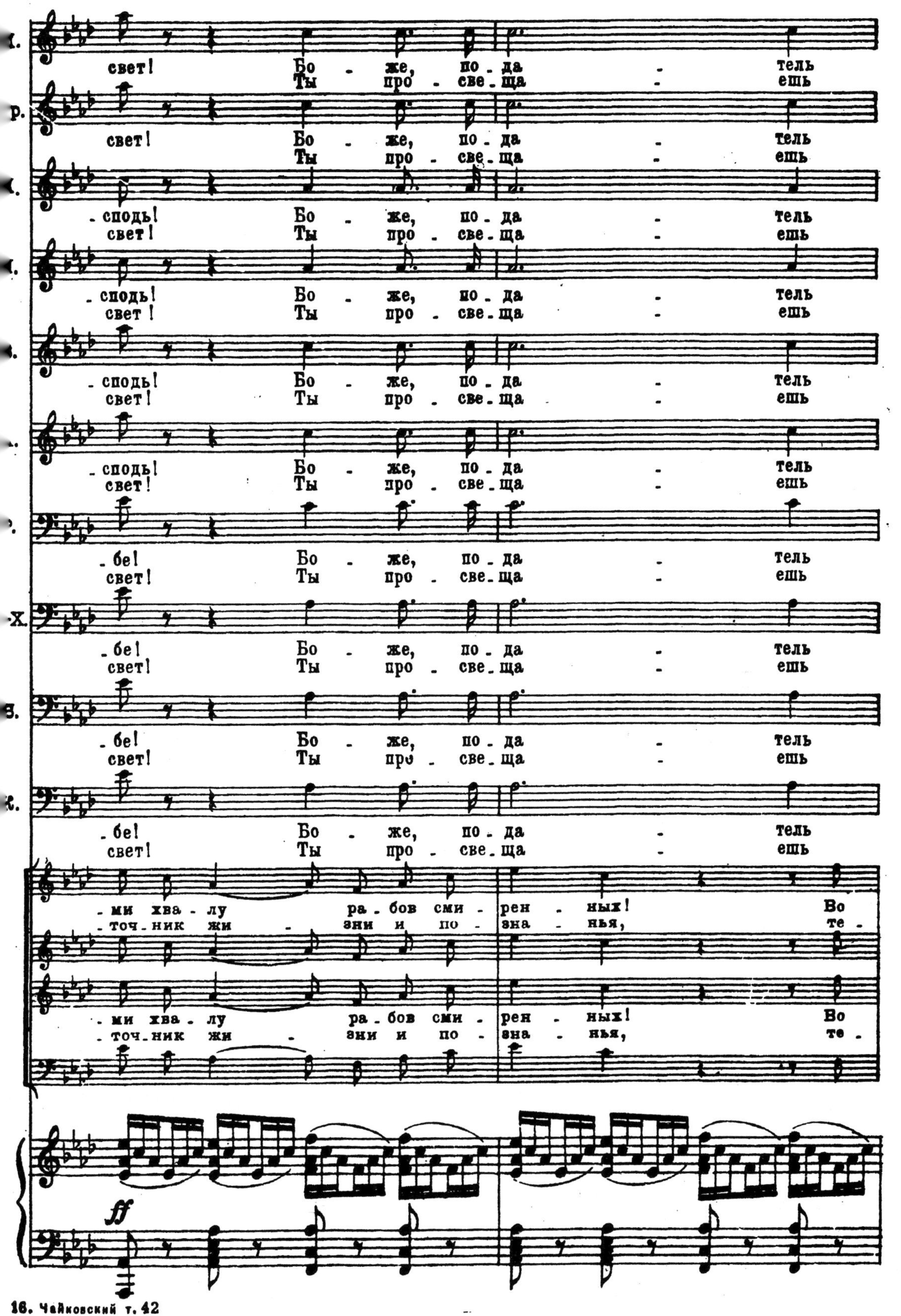
свет! Боже, податель
Ты просвещаешь
сподь! Боже, податель
свет! Ты просвещаешь
бе! Боже, податель
свет! Ты просвещаешь
ми хвалу рабов смиренных! Во
точник жизни и познанья, те
ff

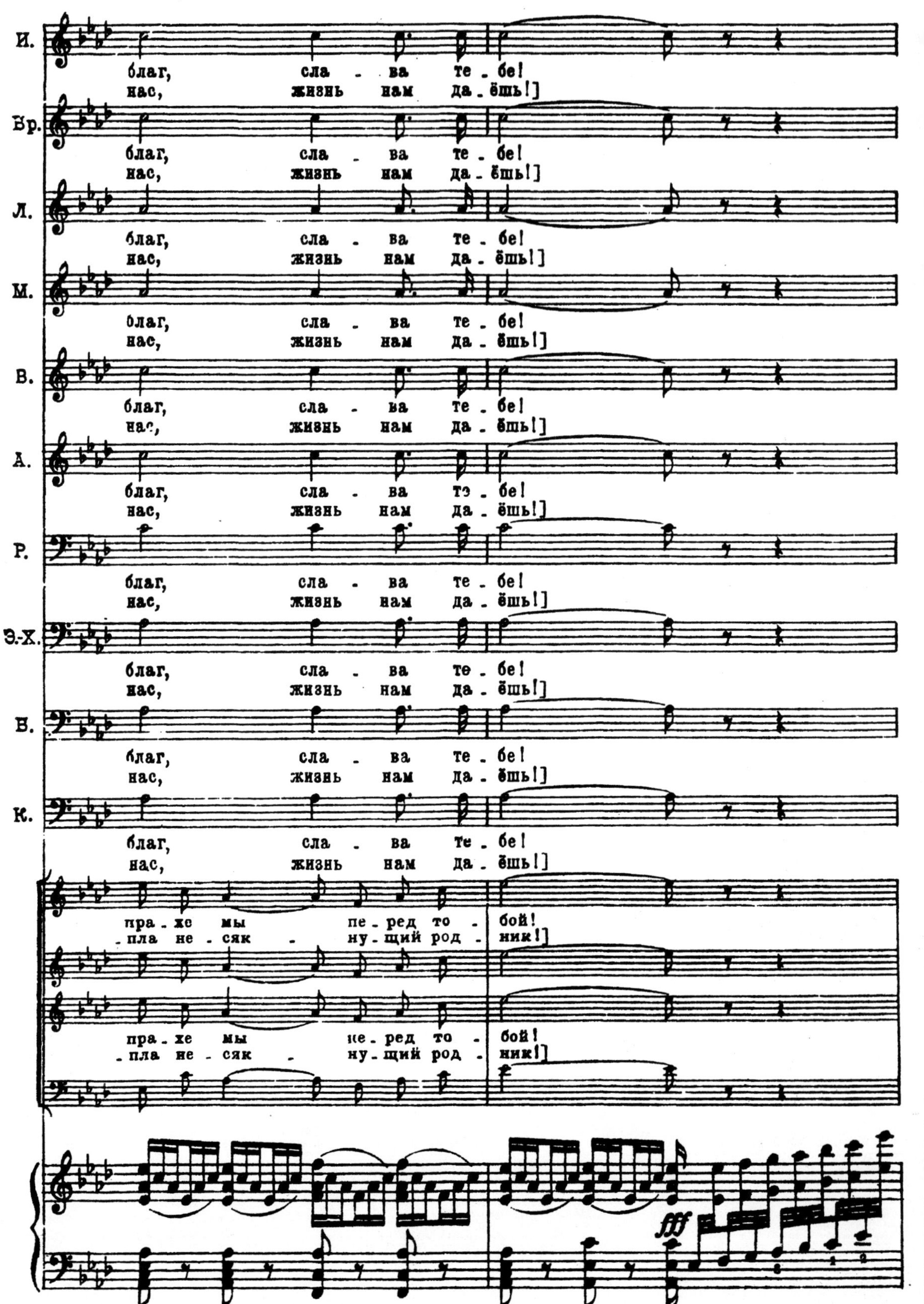
9
И.
благ, сла - ва те - бе!
нас, жизнь нам да - ёшь!]
Бр.
благ, сла - ва те - бе!
нас, жизнь нам да - ёшь!]
Л.
благ, сла - ва те - бе!
нас, жизнь нам да - ёшь!]
М.
благ, сла - ва те - бе!
нас, жизнь нам да - ёшь!]
В.
благ, сла - ва те - бе!
нас, жизнь нам да - ёшь!]
А.
благ, сла - ва те - бе!
нас, жизнь нам да - ёшь!]
Р.
благ, сла - ва те - бе!
нас, жизнь нам да - ёшь!]
Э.-Х.
благ, сла - ва те - бе!
нас, жизнь нам да - ёшь!]
В.
благ, сла - ва те - бе!
нас, жизнь нам да - ёшь!]
К.
благ, сла - ва те - бе!
нас, жизнь нам да - ёшь!]
пра - хе мы пе - ред то - бой!
- пла не - сяк - ну - щий род - ник!]
пра - хе мы пе - ред то - бой!
- пла не - сяк - ну - щий род - ник!]
fff

9

И.
Сла-ва те-бе, тво - рец все-силь - ный!
[Ты вдох-но-вля - ешь на-ши гим - ны!

Вр.
Сла-ва те-бе, тво - рец все-силь - ный!
[Ты вдох-но-вля - ешь на-ши гим - ны!

Л.
Сла-ва те-бе, тво - рец все-силь - ный!
[Ты вдох-но-вля - ешь на-ши гим - ны!

М.
Сла-ва те-бе, тво - рец все-силь - ный!
[Ты вдох-но-вля - ешь на-ши гим - ны!

В.
Сла-ва те-бе, тво - рец все-силь - ный!
[Ты вдох-но-вля - ешь на-ши гим ны!

А.
Сла-ва те-бе, тво - рец все-силь - ный!
[Ты вдох-но-вля - ешь на-ши гим - ны!

Р.
Сла-ва те-бе, тво - рец все-силь - ный!
[Ты вдох-но-вля - ешь на-ши гим - ны!

-Х.
Сла-ва те-бе, тво - рец все-силь - ный!
[Ты вдох-но-вля - ешь на-ши гим - ны!

Б.
Сла-ва те-бе, тво - рец все-силь - ный!
[Ты вдох-но-вля - ешь на-ши гим - ны!

К.
Сла-ва те-бе, тво - рец все-силь - ный!
[Ты вдох-но-вля - ешь на-ши гим - ны!

Сла-ва те-бе, тво - рец все-силь - ный!
[Ты вдох-но-вля - ешь на-ши гим - ны!]

Сла-ва те-бе, тво - рец все-силь - ный!
[Ты вдох-но-вля - ешь на-ши гим - ны!]

250
stringendo
И.
Бр.
Л.
М.
В.
А.
Р.
Э.Х.
Б.
К.
О - сан - на в выш.них!
Си - яй же веч - но!]
[Си - яй же веч - но!]
stringendo
cre
scen

И.
О - сан - на в выш-них!
[Си - яй же веч - но!]

Зр.
О - сан - на в выш-них!
[Си - яй же веч - но!]

Л.
О - сан - на в выш-них!
[Си - яй же веч - но!]

М.
О - сан - на в выш-них!
[Си - яй же веч - но!]

В.
О - сан - на в выш-них!
[Си - яй же веч - но!]

А.
О - сан - на в выш-них!
[Си - яй же веч - но!]

Р.
О - сан - на в выш-них!
[Си - яй же веч - но!]

Э.Х.
О - сан - на в выш-них!
[Си - яй же веч - но!]

Б.
О - сан - на в выш-них!
[Си - яй же веч - но!]

К.
О - сан - на в выш-них!
[Си - яй же веч - но!]

О - сан - на в выш-них!
[Си - яй же веч - но!]

О - сан - на в выш-них!
[Си - яй же веч - но!]

do

9
Più mosso. Allegro (♩= 138)
И.
Ты све - та ис - ти - ны си - я - нье,
[Те - бе по - ём хва - лу и сла - ву,
Вр.
Л.
М.
В.
А.
Р.
Э.Х.
Б.
К.
Più mosso. Allegro (♩= 138)
ff
fff
8

И.
сла - ва, сла - ва те - бе, го -
сла - ву, жи - зни род - ник, ис -
Зр.
сла - ва, сла - ва те - бе, го -
сла - ву, жи - зни род - ник, ис -
Л.
сла - ва, сла - ва те - бе, го -
сла - ву, жи - зни род - ник, ис -
М.
сла - ва, сла - ва те - бе, го -
сла - ву, жи - зни род - ник, ис -
В.
сла - ва, сла - ва те - бе, го -
сла - ву, жи - зни род - ник, ис -
А.
сла - ва, сла - ва те - бе, го -
сла - ву, жи - зни род - ник, ис -
Р.
сла - ва, сла - ва те - бе, го -
сла - ву, жи - зни род - ник, ис -
Х.
сла - ва, сла - ва те - бе, го -
сла - ву, жи - зни род - ник, ис -
Б.
сла - ва, сла - ва те - бе, го -
сла - ву, жи - зни род - ник, ис -
К.
сла - ва, сла - ва те - бе, го -
сла - ву, жи - зни род - ник, ис -
сла - ва, сла - ва те - бе, го -
сла - ву, жи - зни род - ник, род -
сла - ва, сла - ва, го - сподь, все дер -
сла - ву, жи - зни род - ник лу - че
8
marcatiss.

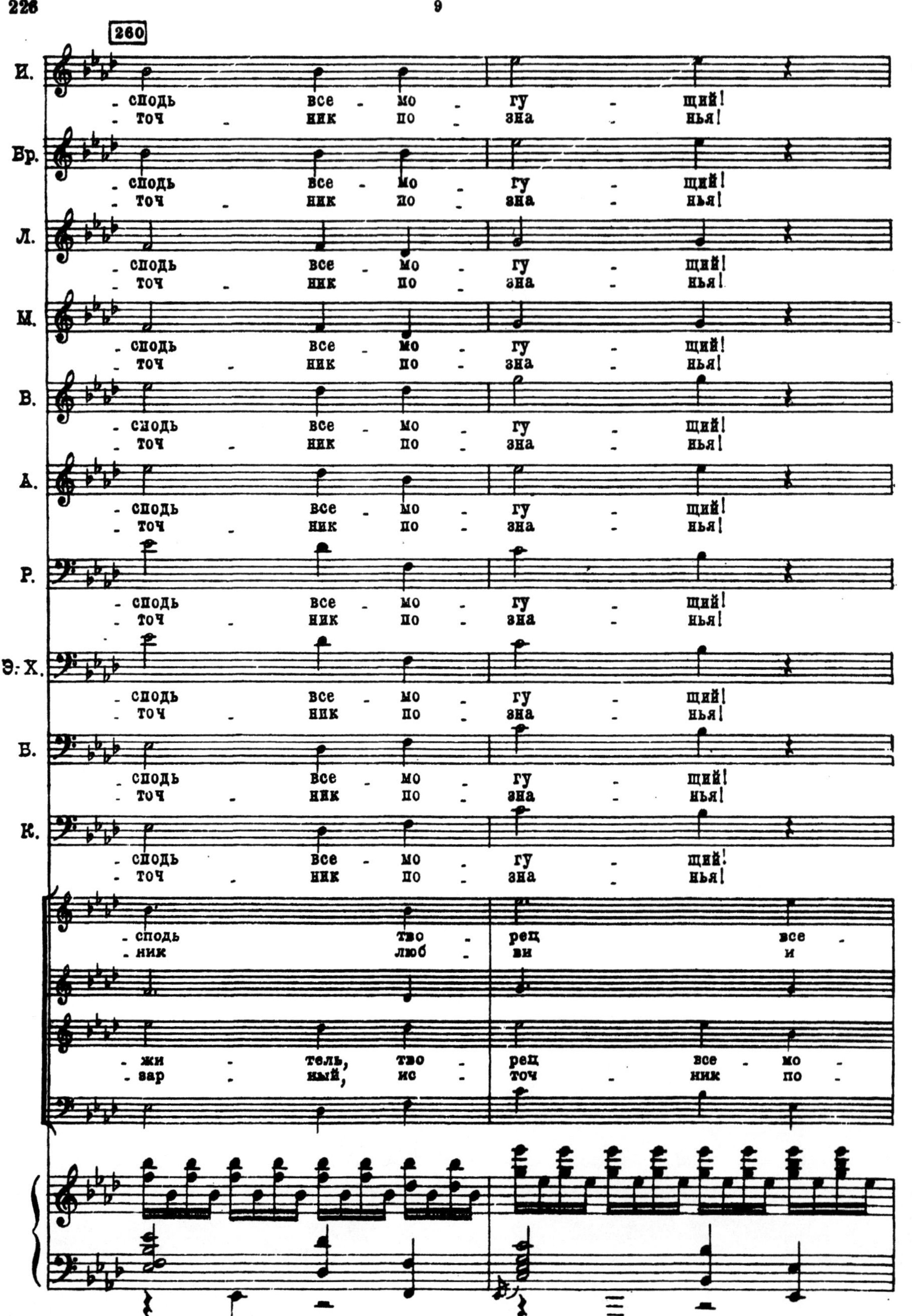
260
И.
- сподь все - мо - гу - щий!
- точ - ник по - зна - нья!
Бр.
- сподь все - мо - гу - щий!
- точ - ник по - зна - нья!
Л.
- сподь все - мо - гу - щий!
- точ - ник по - зна - нья!
М.
- сподь все - мо - гу - щий!
- точ - ник по - зна - нья!
В.
- сподь все - мо - гу - щий!
- точ - ник по - зна - нья!
А.
- сподь все - мо - гу - щий!
- точ - ник по - зна - нья!
Р.
- сподь все - мо - гу - щий!
- точ - ник по - зна - нья!
Э.-Х.
- сподь все - мо - гу - щий!
- точ - ник по - зна - нья!
Б.
- сподь все - мо - гу - щий!
- точ - ник по - зна - нья!
К.
- сподь все - мо - гу - щий!
- точ - ник по - зна - нья!
- сподь тво - рец все -
- ник люб - ви и
- жи - тель, тво - рец все - мо -
- зар - ный, ис - точ - ник по -

pp
Хва - ла те - бе!
Про - сла-вим свет!]
Хва - ла те - бе!
Про - сла-вим свет!]
Хва - ла те - бе!
Про - сла-вим свет!]
Хва - ла те - бе!
Про - сла-вим свет!]
Хва - ла те - бе!
Про - сла-вим свет!]
Хва - ла те - бе!
Про - сла-вим свет!]
Хва - ла те - бе!
Про - сла-вим свет!]
Хва - ла те - бе!
Про - сла-вим свет!]
Хва - ла те - бе!
Про - сла-вим свет!]
Хва - ла те - бе!
Про - сла-вим свет!]
-сиšpль-ный!
зна-мья!
Хва - ла те - бе!
Про - сла-вим свет!]
-гу-щий!
-зна-нья!
Хва - ла те - бе!
Про - сла-вим свет!]
pp

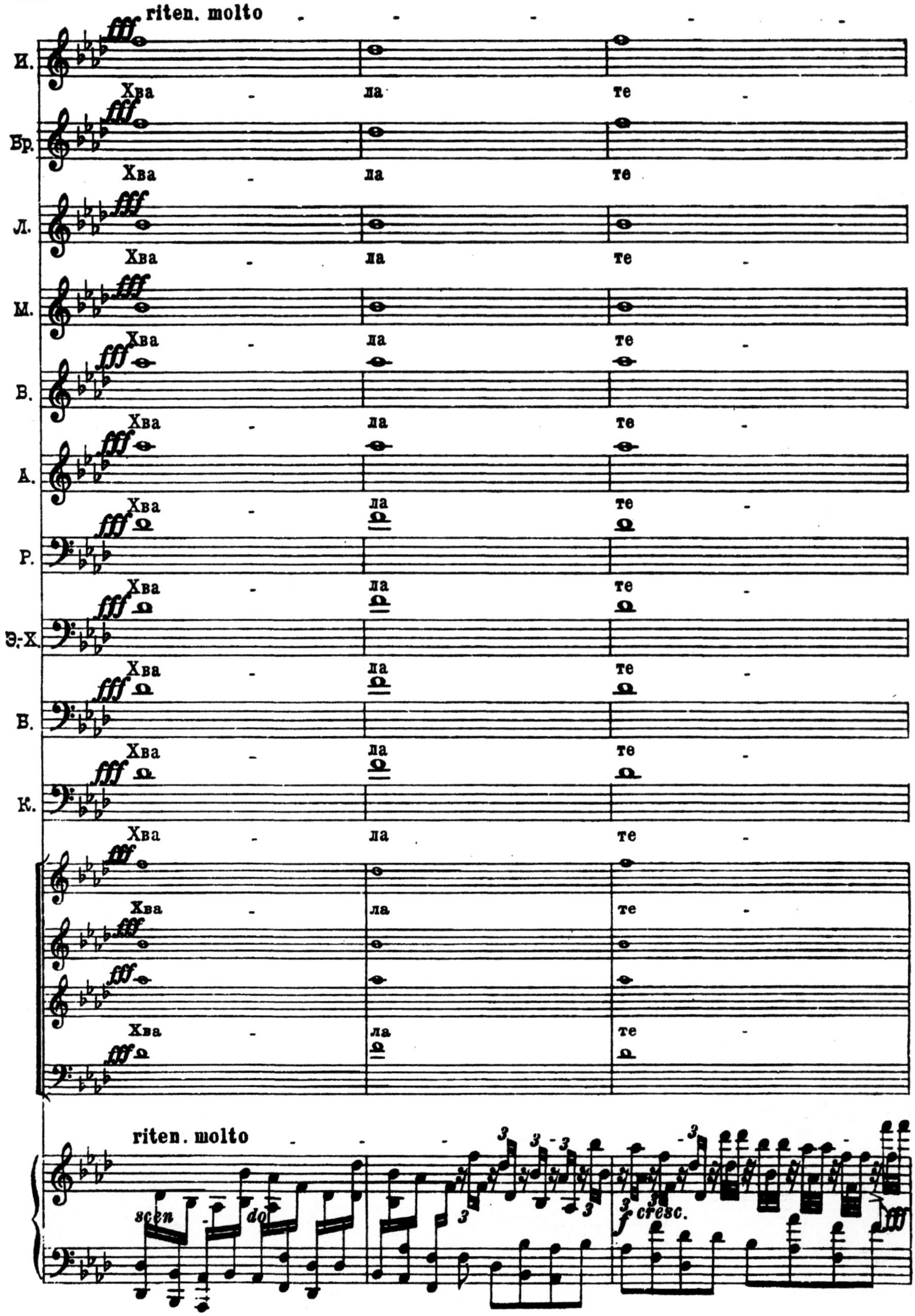

9

riten. molto

И. *fff* Хва - ла те -

Бр. *fff* Хва - ла те

Л. *fff* Хва - ла те -

М. *fff* Хва - ла те -

В. *fff* Хва - ла те -

А. *fff* Хва - ла те -

Р. *fff* Хва - ла те -

Э.-Х. *fff* Хва - ла те -

В. *fff* Хва - ла те -

К. *fff* Хва - ла те -

fff Хва - ла те -

fff Хва - ла те -

fff

fff Хва - ла те -

270
Tempo I (♩=88)
И.
_ бе!
Бр.
_ бе!
Л.
_ бе!
М.
_ бе!
В.
_ бе!
А.
_ бе!
Р.
_ бе!
Э.-Х.
_ бе!
Б.
_ бе!
К.
_ бе!
_ бе!
_ бе!
Tempo I (♩=88)
(Все опускаются на колени. ЗАНАВЕС)

СОДЕРЖАНИЕ